I 30
87

VOYAGE DE BAYONNE

AUX EAUX-BONNES ET AUX EAUX-CHAUDES

EN PASSANT

PAR LA BASSE-NAVARRE ET LA SOULE.

ERRATA.

Page 21, 7e ligne, lisez : l'*Aquitain*, au lieu de l'*Aquitaine*.

Page 40, 1re ligne de la note, lisez : *ils*, au lieu de *elles*.

Page 66, 27e ligne, lisez : *Tardets*, au lieu de *Saint-Palais*.

Page 67, 1re ligne, lisez : *ou* au lieu de *où*.

Page 82, 11e ligne, lisez : *se plaignit*, au lieu de *s'en plaignit*.

Page 132, 16e ligne, lisez : *voisinage*, au lieu de *voisage*.

Page 134, 4e ligne, lisez : L. VAL. VERNVS. CER II VIR BIS HANC, etc.

Page 169, en note, 12e ligne, lisez : *Automne*, au lieu de *automne*.

VOYAGE
DE BAYONNE
AUX EAUX-BONNES
ET AUX EAUX-CHAUDES

EN PASSANT

PAR LA BASSE-NAVARRE ET LA SOULE,

PAR

J.-F. SAMAZEUILH, Avocat.

BAYONNE,
IMPRIMERIE DE Ve LAMAIGNÈRE NÉE TEULIÈRES,
Rue Pont-Mayou, 39.
—
1858.

VOYAGE DE BAYONNE

AUX

EAUX-BONNES ET AUX EAUX-CHAUDES,

EN PASSANT

PAR LA BASSE-NAVARRE ET LA SOULE.

I.

1. Route de St-Jean-Pied-de-Port. — 2. Bataille de St-Pierre d'Irube. — 3. Belsunce.

1. Dès la porte de Mousserole, au départ de Bayonne, le coteau qui sépare la Nive de l'Adour, donne, au voyageur, un avant-goût des rampes pénibles que leur réserve la route d'Espagne. La banlieue de Bayonne, de ce côté surtout, est si riante et peuplée de tant de fraîches et ombreuses villas, que l'on s'aperçoit à peine de ces premières fatigues. Mais au delà, l'aspect du pays n'offrant plus ces distractions, il faut pour recréer ses yeux, ou se retourner du côté de la ville et de la mer, ou lancer son regard bien en avant, vers ces belles Pyrénées que l'on s'afflige de ne pouvoir atteindre assez vite; car, pour ce qui est du pays horriblement tourmenté

et que parcourt la route de Saint-Jean-Pied-de-Port, sans nul souci de ces ravins et de ces pentes, dont se jouerait aujourd'hui la science de nos ingénieurs; des champs rares et mal cultivés, ailleurs, de tristes fermes qui sont loin de rappeler les gracieux châlets de Guéthary, d'Ascain, de Saint-Pée ou de Sare, des bois rabougris et principalement des landes, voilà le tableau qui s'offre aux yeux, sur les deux bords de cette route jusqu'aux lieux où le paysage ravissant de Cambo vient s'offrir sur la droite, comme une *terre promise*.

2. Pourtant assez de sang humain arrosa naguères encore cette contrée avare et inculte, car, si nous en croyons les récits de nombreux témoins, 26,000 hommes, dont 16,000 Anglo-Portugais et 10,000 Français y furent mis hors de combat, ce qui, d'après les calculs d'une trop cruelle expérience, a dû fournir à ce sol ingrat un engrais de 17 à 18,000 cadavres.

C'est le 9 décembre 1813, en effet, que le duc de Wellington passant la Nive, au gué situé entre Cambo et Jatsou, rejeta le général Foy dans les landes dites *bois de Hasparren*. Le soir de cette première journée, les Anglo-Portugais, restés maîtres du plateau de Villefranque, se trouvaient à cheval sur la grande route de Saint-Jean-Pied-de-Port et occupaient même les hauteurs de Mouguerre, entre la Nive et l'Adour. Mais comme une partie de leur armée n'avait pas abandonné la rive gauche de la Nive grossie d'heure en heure par des pluies incessantes, et que d'ailleurs ils n'avaient pu jeter encore, sur cette rivière, que des ponts insuffisants, le duc de Dalmatie, considérant qu'il ne lui fallait que trois quarts d'heure pour porter ses forces d'une rive à l'autre, en traversant la ville de Bayonne, alors que la même opération devait coûter plus de trois heures à son adversaire, conçut une manœuvre, qu'au dire des hommes du métier, Napoléon n'aurait pas désavouée. Dans la nuit du 9 au 10 décembre, il attaqua vigoureusement le corps anglo-portugais resté sur la rive gauche de la Nive, et lui fit éprouver de grandes pertes. Mais le mauvais temps et surtout la défection des régiments de Nassau, du grand-duché de Francfort et d'autres troupes de la Confédération du Rhin, qui passèrent à l'ennemi, l'empêchèrent de poursuivre son succès, de ce côté. Dans la nuit du 12 au 13 décembre, le duc de Dalmatie reporta quatre divisions, de la rive gauche sur la rive droite de la Nive, pour assaillir la position de Mouguerre. Mais les Français avaient commis la faute de laisser éteindre leurs feux, en face d'*Arcangues*, au delà de la rive gauche, et d'en allumer, au contraire, à Mousserole, sur la rive droite. Il n'en fallut pas davantage pour révéler au duc de Wellington le coup qu'on lui ménageait, et il renforça tellement dans cette même nuit le corps menacé, qu'au lieu de 20,000 hommes que l'on comptait surprendre, on en trouva 50,000 sous les armes. Aussi est-ce en vain que Soult, s'élançant aux avant-postes et combattant avec les tirailleurs, leur rappela leurs triomphes passés et leur exposa la honte de voir l'ennemi souiller le sol de la France. A la vérité, les nôtres, sous cette parole héroïque, firent plus que leur devoir. Mais il leur fallut céder au nombre, et les Anglo-Portugais réussirent à s'appuyer à l'Adour, en inondant de soldats le territoire de Hasparren, d'Urt et de Labastide-Clairence. — Pendant cette rude affaire, le général Soult, qui commandait la cavalerie légère des Français, eut à soutenir, sur les hauteurs de Choni, voisines de Hasparren, un engagement avec les troupes espagnoles de Morillo et quelques escadrons anglais. Mais, le soir, apprenant l'échec éprouvé par son frère, il se replia sur Bonloc.

Telle fut l'issue de la bataille de *Saint-Pierre-d'Irube,* durant laquelle néanmoins, on assure que le duc de Wellington se vit sur le point d'ordonner la retraite.

3. Devons-nous accepter, les yeux fermés, le récit que nous fait la *Chronique de Bayonne* (t. 1er, p. 80) d'un combat livré par le chevalier Gaston Armand de Belsunce, en 1407, contre une bête féroce qui répandait la terreur dans cette paroisse de Saint-Pierre d'Irube et qui se retirait

dans une caverne, près de la fontaine de Lissague ? « La rencontre eut lieu sur les bords de la
« Nive. Au premier bruit qu'elle entend, la bête
« furieuse fond sur le chevalier, celui-ci la re-
« pousse avec sa lance, et la blesse à la gorge ;
« mais ébranlé par cet effort, il tombe. Son do-
« mestique le croit mort et s'enfuit. Près d'être
« déchiré, l'intrépide Belsunce saisit corps à
« corps son terrible ennemi. C'est dans cette
« situation qu'il périt avec lui. On les retrouva,
« le lendemain, l'un et l'autre, au fond de la
« Nive, où une longue lutte les avait entraînés.
« Pour perpétuer la mémoire de ce noble dé-
« vouement, le roi de Navarre, Charles III, per-
« mit à la famille Belsunce d'ajouter un dragon
« à l'écu de ses armes. Avant la Révolution, il
« existait une prébende fondée pour le repos de
« l'âme du chevalier. » — On ne dit pas de
quelle espèce était cette bête féroce, qui rappelle la *bête du Gévaudan*.

La famille de Belsunce (ou Belzunce), appartenait à la Basse-Navarre, et le chef de cette
maison était colonel-né des milices du val d'Arberoue (que nous traverserons bientôt, au
delà de Saint-Esteben), avec le droit de précé-
der l'alcade ou juge royal de la contrée. Les
Belsunce tenaient aussi, depuis 1554, le fief de
Macaye, dans le Labourd. Guillaume-Arnaud
de Belsunce fut grand chambellan de Charles-
le-Mauvais, roi de Navarre; Antoine de Bel-

sunce, père du chevalier Gaston de Belsunce, dont nous venons de voir la fin tragique, fut maire et gouverneur de Bayonne, en 1372 ; Garsie-Arnaud de Belsunce, deuxième du nom, signa conjointement avec les seigneurs de Luxe et de Gramont, le traité de paix, de 1384, entre la France et l'Espagne; Jean de Belsunce, quatrième du nom, fut conseiller fort en crédit de Jeanne d'Albret ; Jean V de Belsunce n'obtint pas moins de confiance de Henri IV et de Louis XIII ; un Belsunce-Lissague (1), chanoine, rendit compte, le 6 avril 1666, au syndic de l'évêque et du chapitre de Bayonne, des fruits de la vicomté de Lille, aux commissaires des rois de France et de Navarre, en présence du syndic, des prieur et chapitre de Roncevaux (*Trésor de Pau*); enfin, un sieur de Belsunce fit le dénombrement au parlement de Navarre, les 22 mars 1776 et 27 septembre 1777, de la vicomté de Méharin, que nous devons aussi rencontrer sur notre chemin, au delà du val d'Arberoue. (*Ibid.*)

De son côté, la branche cadette de cette maison, connue sous le nom de Belsunce-Castel-

---

(1) Ce nom de *Lissague*, ajouté au nom patronymique de Belsunce, ne proviendrait-il pas du combat livré par le chevalier Gaston à la cruelle bête qui avait pour repaire une caverne située non loin de la fontaine de *Lissague* ?

moron, a fourni *Armand* de Belsunce, sénéchal d'Agenais, en 1699, *Henri-François-Xavier* de Belsunce, grand vicaire au diocèse d'Agen, et puis évêque de Marseille, et le marquis de Belsunce, reçu grand sénéchal d'Agenais, le 26 août 1779, à Agen, où il alla prendre séance et présider au palais de justice, en manteau court, sur une jaquette de drap d'or, avec la fraise et le petit chapeau couvert de plumes blanches, qui constituaient le costume porté par Henri IV, deux siècles antérieurement. (*De St-Amans*) (1).

On lit peu, de nos jours, l'*Abrégé de la vie de Mlle Suzanne de Foix Candale*, tante de Henri-François-Xavier de Belsunce, qui publia ce livre de sa jeunesse, à Agen, en 1709, ainsi que son ouvrage de l'*Antiquité de l'Eglise de Marseille* et ses *Instructions pastorales*. Mais on n'oubliera jamais le zèle et l'ardente charité dont ce prélat donna tant de preuves héroïques, durant la peste qui fut apportée, en 1720, dans sa ville épiscopale, par un navire venu de Sidon. Il nous a laissé le tableau de ce fléau terrible, dans un de ses mandements, du 22 octobre 1720 :

---

(1) Le vicomte Armand de Belsunce, qui mourut, le 4 août 1764, à Saint-Domingue, où il était gouverneur et lieutenant-général, appartenait à cette famille.

« Sans entrer, dit-il, dans le secret de tant
« de maisons désolées par la peste et par la
« faim, où l'on ne voyait que des morts et des
« mourants, où l'on n'entendait que des gémis-
« sements et des cris ; où des cadavres, que
« l'on n'avait pas pu faire enlever, pourrissaient
« depuis plusieurs jours auprès de ceux qui
« n'étaient pas encore morts, et souvent dans
« le même lit....; sans parler de toutes ces
« horreurs qui n'ont pas été publiques, de
« quels spectacles affreux vous et nous n'avons-
« nous pas été et ne sommes-nous pas encore
« les tristes témoins? Nous avons vu tout à la
« fois les rues de cette vaste cité bordées des
« deux côtés de morts à demi-pourris, si rem-
« plies de hardes, de meubles pestiférés jetés
« par les fenêtres, que nous ne savions où
« mettre les pieds ; nous avons vu toutes les
« places publiques, toutes les rues, les églises
« traversées de cadavres entassés, et en plus
« d'un endroit, rongés par les chiens, sans
« qu'il fût possible, pendant un nombre très-
« considérable de jours, de leur procurer la
« sépulture. Nous avons vu, dans le même
« temps, une infinité de malades devenir un
« objet d'horreur et d'effroi, pour les personnes
« même à qui la nature devait inspirer pour
« eux les sentiments les plus respectueux ;
« abandonnés de tout ce qu'ils avaient de plus
« proche, jetés inhumainement hors de leurs

« propres maisons, placés sans aucun secours
« dans les rues, parmi les morts, dont la vue
« et la puanteur étaient insupportables. Com-
« bien de fois, dans notre très-amère douleur,
« avons-nous vu ces moribonds tendre vers
« nous leurs mains tremblantes, pour nous
« témoigner leur joie de nous revoir encore
« une fois avant de mourir et nous demander
« ensuite avec larmes, et dans tous les senti-
« ments que la foi, la pénitence et la résigna-
« tion la plus parfaite peuvent inspirer, notre
« bénédiction et l'absolution de leurs péchés!...
« Nous avons vu les maris traîner eux-mêmes
« hors de leurs maisons et dans les rues, les
« corps de leurs femmes, les femmes ceux de
« leurs maris, les pères ceux de leurs enfants,
« et les enfants ceux de leurs pères, témoignant
« bien plus d'horreur pour eux, que de regret
« de les avoir perdus !....... Le Seigneur fit-il
« jamais éclater sa vengeance d'une manière
« plus terrible et plus marquée? »
Et comme plusieurs de ces pestiférés usaient leurs dernières forces à venir implorer, en expirant, la bénédiction de leur prélat, sur le seuil même du palais épiscopal: « J'ai eu bien
« de la peine, écrivait Belsunce à l'archevêque
« d'Aix, à faire tirer cent cinquante cadavres
« demi-pourris et rongés par les chiens, qui
« étaient à l'entour de ma maison et qui
« mettaient déjà l'infection chez moi. » (*Les Prêtres illustres de la France*, par L. Guérin.)

La famine s'étant jointe à la peste, ce n'est pas de la cour de France livrée à tous les désordres de la Régence, que vinrent les premiers secours. La cour de Rome, à la sollicitation de Belsunce, envoya trois mille charges de blé. Des trois navires qui les apportaient à Marseille, l'un fit naufrage et les deux autres furent pris par un corsaire barbaresque. Mais cet *infidèle* n'eut pas plus tôt appris quelle était la destination pieuse de leur cargaison, qu'il s'empressa de les relâcher, sans en rien détourner. *(Ibid.)*

On se montra fort injuste d'abord, envers Belsunce, dans sa propre patrie. C'est un poète étranger qui fut le premier à l'applaudir, et l'*Essai sur l'homme*, où le dévouement de l'évêque de Marseille inspira de beaux vers à Pope, a de beaucoup devancé le *Belsunce*, poème de Millevoye. — Guys, enfin, dans son livre sur le clergé de Marseille, n'a pas même énoncé le nom de Belsunce. C'est qu'on ne pardonnait pas à celui-ci d'avoir été le disciple des Jésuites, et de conserver de l'affection pour ses anciens maîtres. Mais aujourd'hui que les partis se montrent plus justes, les uns envers les autres (cette amélioration dans l'esprit public, du reste, nous a coûté assez cher), l'Agenais et le Périgord se disputent l'honneur d'avoir donné le jour à Henri-François-Xavier de Belsunce. Nous devons pourtant ajouter que le roi se montra plus reconnaissant envers lui que son siècle, en lui donnant deux riches abbayes, à la place de l'évêché de Laon (duché pairie), qu'il refusa. Le pape Clément XII le décora du *pallium*, en 1731.

Si nous mentionnons également ici un autre membre de cette famille, le comte de Belsunce, major en second du régiment de Bourbon et massacré, dans une émeute, à Caen, en 1790, c'est que ceux qui firent mourir (jusques-là c'était leur droit) l'héroïque et chaste Charlotte Corday, essayèrent aussi de la déshonorer, en prétendant qu'elle n'avait assassiné Marat que pour venger ce Belsunce, qu'ils disaient avoir été son amant. Que l'on ait attribué le 9 thermidor à la nécessité où se trouvait Tallien de sauver la belle Thérésia Cabarrus, ceci n'est pas dénué de quelque plausibilité. Mais rien n'autorise à salir la mémoire de Charlotte Corday d'une accusation qui incriminerait la pureté de ses mœurs affirmée au contraire par l'histoire. Charlotte voulut venger un parti et non un simple officier, les Girondins qu'elle admirait et non le comte de Belsunce......

En nous plaignant, au début de ces notes, des pentes difficiles de la route de Saint-Jean-Pied-de-Port, ainsi que des tristes contrées qu'elle traverse, nous avons annoncé que l'aspect de cette partie du Labourd s'améliore vers les hauteurs qui font face à *Cambo*. Ce gracieux village se montre à peu de distance sur la droite, dans la vallée de la Nive, et sa beauté rayonne de tous côtés. Dès lors également, il semble que notre route subissant cette heureuse influence, se courbe devant nous, en rampes plus douces ou plus habilement contournées. Délivrée des soubresauts qui nous avaient tant fatigués, nous la voyons désormais serpenter sur le bord de quelques frais et doux vallons, jusqu'au point où elle descend dans la plaine. Là trône la petite ville de *Hasparren*.

II.

1. Hasparren. 2. Bonloc ; Harispe.

1. Commandée au sud par des montagnes que couronnent de beaux ombrages, la ville de Hasparren est entourée, des autres côtés, par des jardins et de vastes prairies qu'arrosent et fécondent les eaux de *Lesley*, tributaire de l'*Aran*, qui se jette dans l'*Adour*. Au delà de cette verdoyante ceinture, quelques villas et des fermes nombreuses donnent à ce recoin du Labourd, où s'agitent plus de six mille Basques, un air de prospérité et de richesse. Une belle église lance au-dessus de la ville un clocher digne du beau paysage que nous recommandons au crayon de l'artiste.

Pourtant, ce monument religieux subit, sous l'ancienne monarchie, une mutilation dont l'idée aurait fait honneur au règne de la Convention. Un jour, c'était le 1ᵉʳ octobre 1786, les femmes de *Hasparren* et de toute la banlieue se révoltèrent, non contre leurs maris (de si peu... l'histoire ne se serait point préoccupée), mais bien contre le roi, ce qui était à cette époque encore une chose grave. Rassemblées au son du tocsin, elles marchaient résolument au son du tambour, la faux, la fourche ou la broche ayant remplacé, dans leurs mains, la quenouille et le balai. Il s'agissait de la *gabelle*, sorte de monstre non moins odieux au peuple que la *capitation*. Débaptisés depuis, ces impôts ont obtenu chez nous droit de bourgeoisie, sous d'autres noms. Mais, en 1786, chez les Basques surtout, la *gabelle* heurtait l'orgueil national, et sur l'avis donné que cette charge allait être établie, dans leur pays, qui jusques-là s'en était trouvé exempt, toutes ces femmes s'étaient soulevées comme un seul homme. On a dit même qu'au sein de cette émeute en jupons, s'étaient glissés plus d'un mari caché sous la livrée de sa femme, et plus d'un frère affublé des vêtements de sa sœur. La chose nous paraît plus que probable..... Mais le fait n'a pas été prouvé, et nous faisons ici de l'histoire au lieu d'un réquisitoire.

Quoi qu'il en soit, cette révolte parut assez

sérieuse pour que le marquis de Caupenne, gouverneur de Bayonne, se crut dans l'obligation d'employer la force pour la réprimer. A ses ordres, des troupes considérables furent dirigées sur *Hasparren*. Mais M. Haramboure, curé de cette ville, eut le bonheur d'empêcher une collision. Bien qu'affaibli par une maladie qui l'avait retenu dans son lit, il s'était élancé hors de sa demeure, et sa parole justement respectée avait déjà calmé la sédition, lorsque les soldats arrivèrent. M. Haramboure se constitua, de plus, l'intercesseur de ses paroissiens auprès du gouverneur, qui lui accorda leur pardon. Seulement, le clocher de l'église de *Hasparren* fut décapité, pour avoir prêté ses cloches aux émeutières. Mais ce n'étaient, au bout du compte, que quelques milliers d'écus à dépenser pour reconstruire cette tour, restaurée en effet, depuis, et plus d'un habitant de cette ville put se dire, en se tâtant le cou : « Plaie d'argent n'est pas mortelle ! »

Dans les fondements de cette même église de Hasparren, l'on trouva, vers l'an 1660, l'inscription suivante :

« *Flamen, item Duumvir, quæstor pagique magister,*
« *Verus ad Augustum, legato munere functus,*
« *Pro novem obtinuit populis sejungere Gallos,*
« *Urbe redux, Genio pagi hanc dedicat aram* (1). »

---

(1) « *Verus*, grand-prêtre, *duumvir*, questeur et gouverneur du pays, envoyé vers Auguste, obtint la séparation de

L'abbé Veillot, théologal de l'église de Bayonne, a publié une dissertation, pour démontrer que le *Verus* mentionné dans cette inscription n'est autre que le favori d'Adrien, dont le fils parvint à l'Empire, sous le nom de *Lucius Aurelius Verus*; et bien que combattue par d'autres, cette opinion a fini par triompher. On pense, du reste, généralement, que c'est en effet sous Adrien que l'Aquitaine (celle d'Auguste, étendue jusqu'à la Loire), fut divisée en *première Aquitaine*, *deuxième Aquitaine* (peuplées, l'une et l'autre, de Celtes), et *Novempopulanie*, cette dernière province n'étant que l'*Aquitaine* de Jules-César, circonscrite entre la Garonne, la mer et les Pyrénées.

Mais on s'est demandé pourquoi cette inscription trouvée chez les Basques ne fut pas écrite dans la langue de ce pays. « Ce nom de *Verus n'est pas trop basque* non plus », ajoute M. L.... dans ses *Lettres sur les Eaux de Cambo*, sans réfléchir, d'abord, que rien ne prouve que le lieu d'où cette inscription fut exhumée, soit celui qui la reçut primitivement. Nous n'ignorons

---

la *Novempopulanie* du reste des Gaules ; revenu de Rome, il dédie cet autel au Dieu du pays. »

Cette inscription se trouve gravée en caractères romains, sur une pièce de marbre blanc, de 15 pouces (0,406^m) de longueur, 12 pouces (0,324^m) de largeur, et 4 pouces (0,108^m) d'épaisseur.

pas que beaucoup d'églises s'élevèrent sur d'anciens temples, comme beaucoup de villes et villages modernes, sur d'anciens bourgs gallo-romains. Nous connaissons même, dans l'ancien Bazadais, une église qui repose sur un *tumulus* bien conservé. Que l'église de Hasparren recouvre les fondations d'un temple dédié jadis au génie de ce pays, la chose est donc pour le moins très-plausible. Mais on sait aussi que bon nombre de marbres antiques furent déplacés et dispersés, pour ne pas dire dépaysés, postérieurement aux ravages des premiers barbares, et ultérieurement des Normands.

En second lieu, il ne faut pas oublier qu'à l'époque de cette inscription, les Vascons ou Basques ne s'étaient pas encore établis en deçà des Pyrénées. Ce n'est pas que nous prétendions qu'antérieurement à l'occupation romaine, les Basques n'avaient pas visité l'Aquitaine. Nous avons dit précisément le contraire, dans un *Résumé historique sur la Gascogne*, publié depuis longues années.

« Il paraît à peu près certain (ce fut alors no-
« tre langage), que les peuples Aquitains, tels
« que César et Strabon nous les ont décrits,
« provenaient d'anciens Vascons ou Ibères qui,
« longtemps avant l'occupation romaine,
« avaient envahi toutes les contrées situées en-
« tre l'Océan, les Pyrénées et la Garonne; et,
« en s'y fondant avec les races indigènes, y

« avaient créé une population qui tenait plus
« de l'Ibère ou du Vascon que du Celte, puis-
« qu'elle parlait la langue basque, ancienne
« langue des Ibères ; qu'elle portait le vêtement
« ibérien, court, fabriqué de laine grossière et
« à long poil ; qu'enfin, aux traits, à la taille,
» aux mœurs de l'Aquitaine, on reconnaissait
» plutôt un Ibère qu'un Celte. »

Nous avons reproduit cette opinion dans l'*Histoire de l'Agenais, du Condomois et du Bazadais*, au tome 1ᵉʳ, p. 3 (publié en 1846).

Enfin, nous avons répété, en 1854, *Notes d'un voyage à Bayonne*, p. 484 :

« Qui ne voit ici le résultat d'une ancienne
« invasion des Ibères en Aquitaine ? c'est-à-dire,
« qu'à une époque dont l'histoire n'a point
« gardé note, les Ibères avaient, comme les
« Vascons firent au VIᵉ siècle de notre ère, passé
« les Pyrénées et transporté des colonies jus-
« qu'aux rives de la Garonne, en assez grand
« nombre, pour y changer la langue et la cons-
« titution physique des habitants. Et comme
« ces émigrations ne pouvaient provenir que
« des parties les plus rapprochées de l'Aqui-
« taine, il s'ensuit qu'à ceux que Strabon nom-
« me des Ibères, il nous est permis de mainte-
« nir la qualification de Vascons. »

Mais nous avons dit aussi que « *l'occupation*
« *romaine*, celle des Goths et celle des Francs,
« *ayant dénaturé, plus tard, le caractère ibérien des*

« *Aquitains*, les Vascons ne reconnurent plus en
« eux des frères, mais bien des ennemis, et les
« envahirent de nouveau. » Les Romains, surtout, introduisirent, dans la Novempopulanie, leur civilisation, c'est-à-dire leurs lois, leurs sciences et principalement leur langue, laquelle régnait généralement dans tout le pays, quand les Vascons y reparurent, à ce point que les Aquitains en avaient pris le nom de *Romains*, qui les distinguait des Goths et des Francs. Les Basques ne doivent pas se le dissimuler, aussi, malgré l'intérêt bien fondé qu'inspire à des hommes graves l'ancienne langue des Vascons, la langue française n'a pas cessé, depuis quelque temps, de faire des progrès sensibles chez eux. Les écoles l'y propagent et les actes de l'autorité l'y imposent, comme firent autrefois les Romains. Par exemple, dans les cimetières d'*Ascain* et surtout d'*Urrugne*, c'est en français que se trouvent déjà composées plusieurs inscriptions tumulaires.

Ainsi, en admettant que l'inscription de *Hasparren* appartienne réellement à cette ville, il n'est pas étonnant qu'elle soit en langue latine; et cela ne prouve rien, ni contre son authenticité, ni contre l'antiquité de la langue basque.

Nous ne quitterons pas l'église de Hasparren sans parler des nombreuses restaurations, en cours d'exécution, qui vont en faire un des plus beaux temples du diocèse de Bayonne, et nous ne saurions assez applaudir, sur ce point, comme sur tant d'autres, au zèle intelligent et généreux de M. Lissardy, curé de cette ville, comme au bon esprit de la population qui le seconde dans cette entreprise. Ce temple avait déjà subi un élargissement du côté du Nord, à une époque indécise. En 1834, un saint prêtre, M. Garat, supérieur des Missionnaires de Hasparren, provoqua et obtint une souscription, au chiffre de 60,000 francs, pour agrandir encore cette enceinte. Mais ces fonds ne reçurent pas un emploi conforme au style des églises basques. L'offre spontanée de deux habitants de cette ville a permis, plus tard, d'exhausser l'édifice ancien de 2 mètres 50 centimètres et d'harmoniser tout l'ensemble, par une voûte à plein cintre, d'une grande hardiesse. Bientôt on a senti qu'à côté de cette belle restauration, il était impossible de tolérer un système de galeries sans grâce comme sans solidité ; et M. Besoin, architecte, inspecteur des travaux diocésains, a dû concevoir un plan de tribunes qui ceindront toute la partie intérieure des murs et ménageront aux fidèles un emplacement aussi gracieux que commode. Mais ces embellissements ne font que rendre plus pauvre d'aspect l'abside qui forme le sanctuaire, et qu'il faut rendre digne du reste. De là aussi la nécessité d'enrichir les fenêtres de vitraux historiés, en l'honneur de Saint Jean-Baptiste, patron de Hasparren. Ce dernier travail a été confié à M. Viliet, artiste de Bordeaux du premier mérite. En outre, M. Lissardy a doté son église d'ornements où l'art le dispute à la richesse, et qui sont de véritables chefs-d'œuvre de goût et de talent. Nous ne sommes pas de ceux qui se sentent blessés de ces magnificences : « Le Catholicisme lui-même, a dit le Père Félix, dans l'une de ses conférences, « ramenant ce luxe légitime à « sa vraie destinée, lui donne une consécration « religieuse, en faisant de ses temples splendi- « des et de leurs sanctuaires rayonnants, comme une apparition de la beauté des cieux. »

Si de l'église de Hasparren nous passons au jeu de paume, où excellent les habitants de cette ville, n'allez pas nous accuser d'avoir voulu faire un rapprochement injurieux à la majesté des lieux saints. En réalité, la belle place que l'on a formée pour ce jeu, se trouve dans le voisinage de l'église ; et d'ailleurs, la passion avec laquelle s'y livrent les Basques, ne les a jamais détournés de leurs devoirs religieux. Qu'au milieu de la partie la plus animée, l'*Angelus* vienne à sonner, et vous verrez à l'instant les joueurs et les spectateurs se découvrir pour adresser leurs prières à la Vierge. Aussi le clergé basque, ainsi que nous en avons fait l'observation, à l'occasion des régates de St-Jean-de-Luz, loin de contrarier ces jeux décents où la jeunesse du Labourd acquiert, de bonne heure, la force et l'élasticité qui la distinguent, s'y associe, au contraire, sans y compromettre son caractère, sans y rien perdre du respect que lui vouent ses compatriotes, et nous ne saurions assez le louer de rester ainsi Basque, tout en se consacrant au service des autels. Aussi, savez-vous dans quel livre nous avons lu ce passage : « Hasparren est le vrai rendez-vous des *héros* « du jeu de paume ; les Franchistéguy, les Sal- « laberry, les Bidégaray, les Larramendy sont « originaires de Hasparren ? » C'est dans l'ouvrage d'un prêtre, de M. l'abbé Diharce de Bidassouet, né également à Hasparren, et qui oublie de véritables *héros*, les trois frères *Harriet*, ses compatriotes, nés à Urcuray, village situé entre Cambo et Hasparren.

Cette dernière ville a également donné naissance au colonel d'artillerie Etchegoyen, auteur du livre de l'*Unité*, ouvrage empreint d'une « vive foi et d'une haute philosophie. » N'ayant pas eu le bonheur de lire ce livre, nous nous en rapportons ici à l'appréciation que nous venons de puiser, dans les *Lettres* intéressantes de M. l'abbé Duvoisin, *sur Cambo*....

Partis, le matin même, de St-Jean-de-Luz, et n'ayant passé qu'une couple d'heures à Bayonne, nous étions arrivés longtemps avant la nuit à Hasparren, où nous eûmes néanmoins à satisfaire d'abord la juste impatience de notre appétit. C'est là, d'ailleurs, l'une de ces nécessités de la vie que nous subissons le plus volontiers, et nous ajoutons que, dans cette occasion, nous fûmes parfaitement secondés par notre hôtesse de l'hôtel Sallaberry. Puis, nous consacrâmes la fin de cette journée à visiter cette ville intéressante, M. le curé Lissardy ayant bien voulu se constituer à cet égard notre cicérone. L'hôpital, l'école secondaire, l'Ecole Chrétienne des jeunes garçons, celle des filles, et la maison des Missionnaires nous furent ouverts. (1) Nous

---

(1) La maison des Missionnaires fut fondée à Hasparren, en 1824, à l'aide de fonds diocésains. On en confia la direction à M. Garat, originaire de cette paroisse. Les services que ce prêtre a rendus, dans toute cette contrée, pendant son apostolat de vingt ans, sont immenses !

Quelques années avant sa mort, M. Garat consacra son patrimoine à fonder, au même lieu, une maison des Filles de la Croix, où trois cents jeunes filles environ reçoivent, avec une éducation gratuite, les premières semences de la religion et de la vertu.

C'est à M. Deyhéraldé, successeur de M. Garat dans la direction des Missionnaires de Hasparren, que cette ville doit l'établissement des Frères de la Doctrine Chrétienne. Grâces à ses soins et à la souscription qu'il provoqua dans ce but, cette maison a prospéré. Chaque année elle voit grossir le nombre des élèves qui y prennent le goût du travail comme des devoirs religieux et sociaux, tout en y acquérant des connaissances étendues.

Enfin, Hasparren doit également aux souscriptions de ses habitants, l'hospice où cinquante nécessiteux, environ, arrachés à la mendicité et à ses suites funestes, reçoivent les soins de trois Filles de la Croix détachées de la maison d'Ustaritz.

admirâmes l'ordre, la propreté et l'excellente direction de ces divers établissements qui prospèrent sous la surveillance intelligente et paternelle du vénérable pasteur qui nous y avait conduits. C'était par l'une de ces douces soirées que l'automne a recueillies, depuis quelques années, dans la succession du printemps. Les habitants de Hasparren prenaient le frais en grand nombre, sur le seuil de leurs demeures ; et il n'en fut pas un seul qui ne se levât et ne s'inclinât devant le chef de cette famille chrétienne. Quant à nous, fier de nous trouver en sa compagnie, nous imitions, à chaque pas, ce

---

En outre, le Bureau de Bienfaisance, qui possède une rente de 2,500 fr., fait distribuer des secours à domicile. Une administration des biens communaux, plus habile que les précédentes, permet déjà d'espérer d'autres améliorations pour la population de cette ville.

Et cette population s'en montre digne sous tous les rapports ; car elle est religieuse, laborieuse, industrieuse. Les marchés qui se tiennent à Hasparren, de quinzaine en quinzaine, et où l'on traite de céréales, de bestiaux et de diverses marchandises, passent pour les plus considérables du département des Basses-Pyrénées. Cette ville a plusieurs fabriques de chocolat, plusieurs tanneries. Elle exporte des souliers, non-seulement en France, mais même en Afrique et surtout dans les deux Amériques. La fabrique de la *marrègue*, étoffe de laine tissée, y occupe plus de deux mille personnes, malgré la concurrence des fabriques de Limoges qui ne sont pas encore parvenues à atteindre les qualités de la marrègue de Hasparren.

voyageur qui, s'étant assis sur un banc, aux pieds d'une madone, rendait tous les saluts que les passants adressaient à cette sainte image.— La nuit venue, c'est avec un vif regret que nous nous séparâmes de M. Lissardy.

2. Au départ de *Hasparren*, la route commune de *St-Jean-Pied-de-Port* et de *St-Palais* traverse de belles prairies (où devra se placer l'artiste qui voudra prendre une belle vue de cette ville), pénètre par une rampe facile à gravir dans une forêt de chênes et de châtaigniers; puis, descendant le long d'un ravin plein de charmes et de fraîcheur, ne tarde guère à déposer les voyageurs, au sein de la douce retraite que s'étaient ménagée les commandeurs de Bonloc, vassaux du monastère de Roncevaux. C'est à Bonloc, d'ailleurs, que, se séparant de la route de St-Palais, celle de Roncevaux se dirige vers *St-Jean-Pied-de-Port*.

Roncevaux!.... Quels souvenirs un tel nom vient de réveiller en nous!... Si ces lieux célèbres se trouvent hors de notre chemin; si nos pas ne sont pas moins comptés que nos jours; si, resserrés dans ce réseau d'affaires et de devoirs que l'on nomme le monde, il ne nous est point permis de faire, en corps et en âme, un pélerinage au monastère de Roncevaux, pourquoi retenir notre pensée, qui s'élance sur cette route? La pensée humaine, plus rapide que la vapeur, la lumière et l'électricité, dont elle fit

ses esclaves, se joue du temps et de l'espace...
Venez donc et franchissons *Helette*, *Irissarry*,
Suhescun, *Lacarre*... Non ! ne franchissons pas
ce dernier village, sans y saluer le château
et la tombe du maréchal Harispe ! Que les
Francs de Charlemagne morts à Roncevaux
ne nous fassent pas oublier l'un des plus braves
et des plus loyaux capitaines de Napoléon ! Tous
les Français connaissent les hauts faits du maréchal Harispe. Mais nous, qui vécûmes de son
temps, nous l'avons vu dans des circonstances
difficiles, au sein de ces émotions populaires,
où le soldat le plus ferme se trouble et se dé-
ment même quelquefois, obtenir d'une bouche
ennemie l'hommage que lui valurent et son courage et sa loyauté.

III.

**1. Roncevaux, Charlemagne et Roland. 2. Le Prince
Noir. 3. Antoine de Bourbon et la Reine d'Espagne.**

1. L'itinéraire d'Antonin indique un chemin
romain d'*Astorga* (*Asturica*) à Bordeaux, lequel
passe par *Pampelune* et *Zubiri* (*Iturissa*), atteint
le sommet des Pyrénées, d'où il descend à St-
Jean-Pied-de-Port (*ad imum Pyreneum*), touche
ensuite à *Carasa* (c'est, d'après Marca, *Garris*,
en *Mixe*) et parvient, plus loin, à la ville de Dax.

Un autre chemin se dirigeant, d'après ce

même document, de Saragosse sur la cité de Béarn (qui doit être Lescar), descendait par un autre port (Ste-Christine, selon toutes les probabilités), dans la vallée d'Aspe, pour gagner ensuite Oloron, puis *Béarn*.

De ces deux routes, il est à présumer que la dernière fut suivie par les Vandales, les Alains et les Suèves, lorsque ces barbares passèrent des Gaules en Espagne, au commencement du v⁕ siècle de J.-C., et que la route par St-Jean-Pied-de-Port dut être prise, en sens inverse, par es Vascons, lorsqu'ils descendirent des Pyrénées en Aquitaine.

C'est aussi la route de St-Jean-Pied-de-Port que choisit Charlemagne, en 778, pour aller en Espagne, comme au retour de ce pays.

Nous avons deux récits de la campagne de ce prince au delà des Pyrénées, ainsi que de l'échec de Roncevaux, l'un attribué à l'archevêque Turpin, l'autre dû à Eginart, secrétaire de Charlemagne.

Bouchet, dans ses *Annales d'Aquitaine*, accorde la préférence aux récits de Turpin, d'accord en cela avec *Antoninus Sabellicus*, en ses Enéades, lequel dit qu'*il aurait honte de démentir un tel auteur, qui était archevêque de Reims, saint homme et digne de foi*. C'est donc avec le plus grand sérieux que Bouchet nous a transmis les faits d'armes qui suivent :

« Cette grosse armée entra en Espagne, de

« laquelle averti Eigolan (prince des Sarrasins),
« combien qu'il eût néanmoins crainte de si
« grande assemblée ; et, avec sauf-conduit, sor-
« tit hors la ville de Pampelune, où il était, pour
« parler au roi Charlemagne ; et, après assez
« long parlement, ils s'accordèrent que leur
« différend se viderait par combat de certain
« nombre de bons chevaliers et que les vaincus
« seraient à la merci des vainqueurs....... ,..
....

« Deux ou trois jours après, l'armée de Char-
« lemagne s'approcha de Pampelune, pour don-
« ner l'assaut à ceux qui étaient dedans. Eigo-
« land sortit, à la malheure pour lui, car il fut
« occis, et ceux de sa compagnie. Puis, les Fran-
« çais prirent ladite ville d'assaut et entrèrent
« dedans, fors mille hommes, ou environ, les-
« quels s'arrêtèrent à la proye et dépouille,
« où ils furent surpris par les deux rois *Corduba*
« et *Sibillus*, et le reste des Sarrasins qui occi-
« rent tous lesquels mille hommes de France.

« Après cette victoire et que les Sarrasins se
« furent retirés en une autre ville, un roi de
« Navarre se déclare contre Charlemagne, le-
« quel il défit et ses Navarrois.

« L'amiral de Babilone, courroucé de cette
« victoire, envoya secourir les Sarrasins d'Espa-
« gne, par vingt mille Turcs et un prince nommé
« *Ferragu*, qui, comme récite l'archevêque
« Turpin, était un géant, lequel avait douze

« coudées de grandeur (1), ses bras de quatre
« coudées de longueur, ses cuisses autant et
« grosses à l'avenant, sa face d'une coudée, et
« avait la force de quarante hommes ; qui serait
« chose difficile à croire à gens qui n'ont con-
« naissance de la vertu des corps célestes, et
« qui n'ont vu Pline et d'autres historiens fai-
« sant foi du grand *Atheus*, qui avait 70 coudées,
« d'*Orion* trouvé en l'île de Crète, *Pusion* et
« *Scondila*, qui furent du temps de l'empereur
« Octavien et aussi d'*Orestes*, dont parle Héro-
« dote.

« Averti Charlemagne de la venue des Turcs
« et dudit géant *Ferragu*, qui était en la cité de
« Nadres, en Espagne, il leur alla donner l'as-
« saut, qui n'était en ce temps baillé, comme on
« fait à présent ; car on n'usait de arquebuses,
« ni autres bâtons à feu. Pourquoi le géant *Fer-
« ragu* si horrible à voir, sortit hors la cité, con-
« tre lequel s'adressa quelque hardi chevalier
« français. Mais *Ferragu* le prit sous son aisselle
« et l'emporta comme on ferait un poulet ; et
« ainsi fit à cinq ou six autres ; et le dernier fut
« *Ogier*, le Danois ; et les mena tous prison-
« niers.

---

(1) La coudée étant d'un pied et six pouces, il s'ensuit que la taille de Ferragu s'élevait à dix-huit pieds ou six mètres.

« *Roland*, qui était un prince grand, fort et
« hardi, dépité de tels outrages, se présenta à
« *Ferragu*, et dura la joûte entre eux deux par
« deux jours, tant à pied qu'à cheval, avec bâ-
« tons et sans bâtons, et tellement que Roland,
« plus par art et subtilité que par force, rendit
« *Ferragu* las et demi-mort. Les Turcs se mi-
« rent aux champs pour le secourir, et ainsi
« que les Turcs l'emportaient, les Français cou-
« rurent sur eux en telle hardiesse et fureur,
« qu'ils les occirent tous, sans oublier *Ferragu*
« et entrèrent dedans la ville, laquelle ils pillè-
« rent; et aussi défirent *Cordube* et toute son
« armée. Puis s'en alla Charlemagne rendre
« grâce à Dieu, en l'église de Saint-Jacques, en
« Galice, où il fit de grands dons.

« Il y avait encore en Espagne, deux princes
« de Turquie, savoir est : *Marsurius* et *Belingan-*
« *dus,* vers lesquels Charlemagne envoya le
« comte *Gannes,* auquel il se fiait, et leur man-
« da qu'ils prissent la foi chrétienne, ou se ren-
« dissent à lui tributaires. *Gannes,* qui exerça
« l'office d'un traître et non d'un ambassadeur,
« corrompu par argent et par envie qu'il avait
« contre la prouesse de Roland, traita avec
« *Marsurius* et *Belingandus,* de la manière par
« laquelle ils pourraient défaire Roland et la
« force de Charlemagne ; et après avoir reçu
« grands trésors, s'en retourna à Charlemagne;
« et lui dit que *Marsurius* et *Belingandus* étaient

« prêts de lui faire certain grand tribut et de
« défrayer son armée ; et lui conseilla de passer
« les *ports Césarées* et marcher devant, parce
« qu'il laisserait, pour l'arrière-garde, Roland,
« avec les meilleurs capitaines de son armée et
« 20,000 hommes, pour recevoir ledit tribut ; et
« afin que si les Turcs se voulaient dédire, que
« ses gens pussent secourir, en la montagne de
« Roncevaux, les dits capitaines.

« Charlemagne se confiant en *Gannes*, fit tout
« ainsi qu'il lui avait conseillé et dit, et laissa
« Roland et autres des meilleurs, qui campè-
« rent à Roncevaux, avec 20,000 hommes ; et
« lui et le reste de son armée, où il y avait plus
« de 80,000 hommes, s'en allèrent devant. Et
« avertis les Turcs de son partement, au lieu
« d'apporter le tribut, sortirent avec 50,000
« hommes, sur Roland et les autres qui atten-
« daient en paix. Ils avaient deux batailles ; la
« première était de 20,000 Turcs, qui tous furent
« défaits, et comme les Français furent las et
« fatigués, l'autre bataille de 30,000 Turcs donna
« sur eux et les défit. Le vaillant Roland fit
« merveilles et après qu'il eut occis ledit *Marsu-*
« *rius*, lui demeuré presque seul, se retira en
« une touche de bois, tout altéré et près de la
« mort, par faute d'eau ; et se voyant sans aide
« et qu'il était près de la mort, à ce que les en-
« nemis ne pussent jamais s'aider de son épée
« qu'il appelait *Durandal*, en donna un grand

« coup sur un perron, pour la rompre, ce qu'il
« ne put et fendit la pierre en deux (1). Puis,
« après s'être confessé à Dieu, lui qui s'était, le-
« dit jour au matin, confessé à un prêtre, ren-
« dit l'âme, en l'âge de 42 ans, pour la querelle
« de la foi catholique ; et fut son corps, un jour
« seulement, sans sépulture ; car Baudoin, l'un
« des capitaines, qui était aussi évadé de la ba-
« taille, trouva Roland qui rendait l'âme à Dieu,
« et incontinent, à bride avallée, alla après
« Charlemagne et lui déclara la déconfiture et la
« mort de Roland et d'autres princes. La piteuse
« nouvelle sçue, Charlemagne qui était à huit
« lieues de Roncevaux, retourna diligemment
« avec son armée et poursuivit les Turcs et Sar-

---

(1) « Non, non, dit-il, ma brave et bonne épée,
    « Je ne puis pas souffrir que de ma main
    « Ta lame passe au bras d'un Sarrasin,
    « Pour être, un jour, du sang chrétien trempée !
    « Assez d'exploits ont prouvé ta vertu ;
    « A mon destin que ton destin s'unisse.
    « Avec Roland Durandal a vaincu,
    « Avec Roland que Durandal périsse ! »

Roland a dit, et d'un horrible choc,
De ses deux mains unissant la furie,
Ce paladin, prêt à finir sa vie,
A cru briser contre un immense roc
Sa Durandal, espérance abusée !
Le glaive existe et la roche est brisée.....
        (*Roland*, poëme par CREUSÉ DE LESSER.)

« rasins, jusques par de là Saragosse, où il les
« trouva, les aucuns d'eux buvant et mangeant,
« et les autres qui se reposaient. Si en déconfit
« 30,000, près du fleuve de l'Ebre ; puis, s'en
« retourna à Roncevaux, où il fit visitation des
« occis et trouva Roland mort, qui avait les bras
« en croix sur son corps, et dont il fit plusieurs
« regrets. Aussi trouva mort plusieurs ducs et
« comtes, qu'il fit embaumer en nobles sépultu-
« res et emporter en leur pays et mesmement le
« corps de Roland, en l'église St-Romain, de la
« ville de Blaye, dont il était comte. »

Ne regardons pas trop en pitié cette crédulité de nos aïeux pour des fables héroïques ! De nos jours, sommes-nous moins accessibles à des mensonges plus grossiers ? A-t-on oublié ces petits soupers, où de grands seigneurs de la cour de France se croyaient admis, par Cagliostro, avec Sémiramis, Cléopâtre et Sapho ? Les *tables tournantes* et les *esprits frappeurs* (nous parlons d'hier, et qui sait ce que demain nous réserve en absurdités ?) valent-ils, enfin, le géant Ferragu du pseudonyme Turpin ?

Cela fait que nous allons trouver bien froid et bien décoloré, le récit du secrétaire de Charlemagne, au sujet du combat de Roncevaux :

« Après avoir laissé des garnisons sur la
« frontière, dit Eginhart, à cause de la guerre
« incessante que ce prince soutenait contre les
« Saxons, Charlemagne marcha sur l'Espagne,

« avec le plus de forces qu'il put rassembler. Il
« franchit les Pyrénées, soumit à ses lois tous
« les châteaux et toutes les places où il porta
« ses armes, et s'en revint en France, ramenant
« son armée saine et sauve ; hormis que, dans
« le passage des Pyrénées, il eut lieu d'éprou-
« ver la perfidie des Vascons. En effet, comme
« l'armée cheminait en une longue file, ainsi que
« l'exigeait cette gorge étroite, (1) ces peuples
« ayant dressé une embuscade sur les hauteurs
« (et ces lieux s'y prêtent fort, à cause de l'obs-
« curité des forêts qui les couronnent), se pré-
« cipitent sur les bagages et sur l'arrière-garde,
« les rejettent au fond du ravin et y engageant
« le combat, tuent jusqu'au dernier homme. (2)

---

(1) Voici la description que Froissart fait de ce val de Roncevaux, à l'occasion du passage du *Prince Noir*, dont nous
parlerons plus loin : « Entre St-Jean-Pied-de-Port et la cité de
« Pampelune, sont les détroits des montagnes et les forts pas-
« sages de Navarre, qui sont moult périlleux et très-félons à
« passer, car il y a cent lieux sur ces passages que trente hom-
« mes les garderaient à non passer contre tout le monde. »

(2) Le chant d'*Altabiçar*, qui, d'après la plus commune
opinion, serait du ixe ou xe siècle, semble indiquer que les
Vascons entamèrent ce combat en faisant rebondir sur les
Francs les rochers déracinés :

« *Hurbil detçagun gure beso çailac, errotic athera det-*
[*çagun arroca horiec.*
« *Botha detçagun mendiaren pethurra behera*

« Puis, après avoir pillé les bagages, et, proté-
« gés par la nuit qui commençait à tomber, ils
« se dispersent de tous côtés, avec une merveil-
« leuse promptitude. Les Vascons furent servis,
« au mieux, dans cette affaire, par la légèreté
« de leurs armes, de même que par l'avantage
« de leur position, laquelle, au contraire,
« tourna au détriment des Francs chargés, en
« outre, d'armes pesantes. Là périrent *Eghart*,
« préposé à la table royale (ou maître d'hôtel
« du roi), *Anselme*, comte du palais, et *Rutland*,
« commandant des côtes de Bretagne, avec plu-
« sieurs autres. Cet échec ne put être à l'instant
« puni, l'ennemi s'étant dispersé, après l'avoir
« consommé, avec une telle promptitude, qu'on
« ne put obtenir, sur les lieux, aucun rensei-
« gnement à ce sujet, ni même savoir, plus
« tard, à qui l'on devait l'imputer.

L'imagination méridionale n'a pas accepté
dans ces derniers termes et dans ces simples
détails la bataille de Roncevaux. C'est unique-
ment dans ce passage d'Eginhart que l'histoire

« *Hoien buruen gaineraino ;*
« *Leher detçagun, herioaz io detçagun !* »

« Unissons nos bras nerveux, déracinons ces rochers.
« Lançons-les du haut des montagnes
« Jusques sur leurs têtes ;
« Ecrasons-les, tuons-les ! »

(Voir *Notes d'un Voyage à Bayonne*, page 482 et suivantes.)

nous parle de Roland. Mais, chez nous, ce prétendu paladin a laissé bien d'autres souvenirs. A une lieue en amont de *Cambo*, le *Pas-de-Roland*, porte gigantesque taillée dans le roc, par son épée, livre une issue aux eaux de la Nive. Dans le *chaos de Gavarnie*, les guides montrent aux étrangers l'empreinte de la botte et de l'éperon de *Roland*, sur un des blocs de granit de *la Peyrada*, et au fond de la même gorge, qui de nous n'a pas admiré l'immense *brèche* que *Roland* ouvrit sur le cirque de Gavarnie, d'un seul coup de sa *Durandal* ?

De leur côté, les vainqueurs et les vaincus s'empressèrent d'entourer de leur respect ce champ de bataille, où les premiers puisaient leur gloire, et où les seconds pleuraient leurs pères morts dans l'action. On y éleva un monastère qui servait d'hôpital aux pélerins, avec une chapelle, aux murs de laquelle on fit peindre le tableau de ce combat. Olhagaray, p. 489, parle des *grands priviléges et immunités que les premiers rois de Navarre avaient accordés à ceux de Roncevaux*. Bourrein (Var. bordel. t. 4, p. 263) nous apprend qu'il était d'usage, au moyen âge, parmi les seigneurs de la Gascogne, de faire des legs à Notre-Dame-de-Roncevaux, et bientôt ce monastère se vit en possession de grands revenus, même en deçà des Pyrénées (1).

---

(1) Nous relatons ici le catalogue des titres intéressant Ron-

Ces religieux montrent aux étrangers quelques tombeaux disséminés dans le voisinage, en affirmant que là reposent les capitaines francs, de même que divers objets leur ayant appartenu, tels qu'une barre de fer, qui a pu

---

cevaux, qui se sont conservés au *Trésor de Pau;* elles donneront une idée de l'importance de ce monastère :

« 1ᵉʳ *Septembre* 1270.—Procédure faite devant l'officialité de Pampelune, au sujet de l'élection d'un prieur de l'église et de l'hôpital de Roncevaux.

« 1246. Bulle d'Innocent IV, qui confirme l'obligation des prieur et chanoines de Roncevaux, que la comtesse de *Baieux*, nommée *Sibilha*, avec le consentement de son fils aîné nommé *Humbert*, leur avait donné l'hôpital de Villefranche, dans le diocèse de Lyon.

« 1296.—Aumône faite par Philippe IV, roi de Navarre et Jeanne, sa femme, de cent livres de rente annuelle payable sur le péage, pour être employée en vin, et distribuée aux jours et fêtes marqués dans l'hôpital de Roncevaux, aux pélerins, le dimanche avant St-Jean-Baptiste.

« 30 *Novembre* 1331.—Concession faite par Edouard, roi d'Angleterre et duc de Guienne, laquelle concession confirme la donation faite par Raymond, comte de Toulouse, de vingt livres annuelles aux prieur et chanoines de Roncevaux.

« 11 *Septembre* 1335.—Sentence arbitrale qui justifie que le chapitre de Roncevaux avait le droit de présentation aux églises de St-Michel, Baygorry et autres.

« Copie de la nomination du curé de Hasparren, faite par les chanoines de Roncevaux.

« 9 *Avril* 1396.—Bail à ferme de la commanderie, biens et dépendances de Bonloc.

« 9 *Avril* 1396.—Titre par lequel il appert que la commanderie de Bonloc appartenait et était en la possession de Roncevaux avant l'année 1396.

servir de massue, deux boulets de même métal attachés chacun par une chaine aux deux bouts d'un manche de deux pieds de long (c'était une arme dont on usait, en effet, dans les combats), le gantelet de Roland et l'une de ses

---

« 8 *Décembre* 1397.—Privilége de Louis, roi de France, et confirmation dudit privilége, par D. Tibaldo, roi de Navarre, relatif à la grâce et faveur accordée à D. Lop, prieur du couvent de l'hôpital de Roncevaux.

« 1422.—Deux procurations pour donner à fief perpétuel, les biens dépendants de la commanderie d'Ordiarp, qui établissent que ladite commanderie est une dépendance de Roncevaux, avec un contrat de bail à fief de deux pièces de terre contiguës, dans le terroir de la maison d'Ordiarp, en faveur de Menot, fils d'Ohis de Garaibie, de ladite paroisse d'Ordiarp, moyennant 18 moutons blancs.

« 17 *Juin* 1429. — Autre acte concernant la commanderie d'Ordiarp.

1437.—Charte relative à l'abbaye de Ste-Marie, appartenant à Roncevaux.

« 14 *Mai* 1454.—Prise de possession de la cure d'*Udens* et de *Mendi*, sur la présentation du prieur de l'hôpital de Roncevaux, dans lequel acte de présentation, le titre expédié par *Media Villa*, vicaire général d'Oloron, est inséré.

« 6 *Mars* 1477.—Bulles du pape Sixte IV, qui confirment plusieurs indulgences accordées aux religieux du chapitre de Roncevaux et toutes les possessions et dons faits audit chapitre.

« 1477.—Bulle du pape Sixte IV, dans laquelle il confirme et autorise le chapitre de Roncevaux, dans tous les priviléges et possessions des biens et rentes accordés par les princes et rois et autres personnages nobles, à l'exemple de ses prédécesseurs Alexandre IV, Clément VII, Sixte IV, Nicolas III et autres. (Il y a ici une erreur d'impression ou de copiste; Sixte IV ne peut avoir qualifié *Sixte IV* de l'un de ses prédécesseurs.

bottes, la même, sans doute, dont ce chevalier laissa l'empreinte au *chaos de Gavarnie*. L'on pense bien que l'archevêque Turpin n'a pas été oublié par ces moines. Si vous visitez Roncevaux, vous y verrez donc les pantoufles et les

---

« 10 *Mai* 1479.—Défense obtenue, par D. Pierre de St-Jean, chanoine de Roncevaux, contre ceux d'*Ordiarp*, à ce qu'ils ne puissent avoir aucun moulin en ladite paroisse d'*Ordiarp*.

« 1479.—Lièvè des fiefs, cens, rentes, dîmes et prémices dépendants de la commanderie d'*Ordiarp*, appartenant aux prieur et chanoines de Roncevaux.

« 3 *Mars* 1487. — Un extrait des registres du parlement de Bordeaux, relatif au procès de François de Mortaigne et Izabé de Yrigoyen et le syndic du prieur et couvent de l'hôpital de Roncevaux.

30 *Mars* 1487. —Copie d'un titre de *Sanctius*, évêque d'Oloron, sur la mort de *Sanctius* de Bonnefont, conféré sur la présentation d'Arnault de Tardets, comme procureur du prieur de Roncevaux, patron des bénéfices d'Ordiarp et de Musculdi.

« 30 *Avril* 1498. . . . .

« Dénombrement des terres de la commanderie de Bonloc, dépendant du prieur de Roncevaux, sans date.

« 13 *Février* 1521.—Sentence relative au procès pendant devant le sénéchal de Guienne, entre D. Francisco de Toledo, prieur de Roncevaux, demandeur, et Jean de Tardets, défendeur.

« 25 *Avril* 1572.—Lettres patentes de la reine Jeanne, qui donne main levée aux prieur et chanoines de Roncevaux, des biens, fruits ou revenus qu'ils ont en Navarre.

« 26 *Janvier* 1599. — Lettres patentes de Henri IV, roi de France et de Navarre, portant permission au chapitre de Roncevaux de tenir commanderie, en France, concernant la commanderie de Samatan.

« 18 *Juin* 1636. — Arrêt sur requête du parlement de Na-

guètres de ce prélat. Dans la plaine voisine, on a longtemps exhumé, dit-on, des ossements qui ne pouvaient appartenir qu'à la haute stature des Francs. Mais ceux du géant *Ferragu* sont encore à recouvrer. — On a vu dans nos *Souvenirs de Saint-Jean-de-Luz*, p. 55, que les Espagnols avaient élevé aussi, à Roncevaux, une pyramide qui fut détruite par les Français,

---

varre, aux fins de faire saisir par droit de représailles, les revenus ecclésiastiques appartenant aux chanoines de Roncevaux, en Navarre.

« 2 *Novembre* 1644.—Procès-verbal de prise de possession des prieuré, commanderie et hôpital d'Ourdiarp, en Soule, par l'évêque de Bayonne, en exécution des lettres de représailles contre le prieur et chanoines de Roncevaux.

« 24 *Janvier* 1666.—Ordonnance des commissaires des rois de France et d'Espagne, sur les limites des deux royaumes vers la frontière de Hendaye et Fontarabie, qui porte que les chapitres de Bayonne et de Roncevaux seront remis en possession de leurs biens.

« 6 *Avril* 1666.—Copie en forme de la réception faite, en conférence, par les commissaires des rois de France et d'Espagne, des comptes rendus par le sieur de Belsunce-Lissague, chanoine, au syndic de l'évêque et du chapitre de Bayonne, en présence du syndic des prieur et chapitre de Roncevaux, des fruits de la vicomté de l'Ille.

« 9 *Mai* 1688.—Attestation du notaire et du guide qui ont accompagné les sieurs René Veillet et Mathieu Lespés, chanoines en l'église cathédrale de Bayonne, à Roncevaux.

23 *Décembre* 1717.—Bulle de Clément XI concernant l'échange fait par l'évêque et chapitre de Bayonne, avec celui de Roncevaux. » (*Le Trésor de Pau* , par M. G. B. de Lagrèze, *passim.*)

en 1794. — Au surplus, Marca attribue cette victoire des Vascons sur les Francs de Charlemagne, aux habitants de la Soule, de la Basse-Navarre et du Bastan. Les deux premières contrées forment l'arrondissement de Mauléon, département des Basses-Pyrénées ; la vallée de Bastan appartient à l'Espagne.

Ces peuples furent moins heureux contre un prince moins héroïque pourtant, *Louis-le-Débonnaire*, à son retour de Pampelune, par Roncevaux, en 810 « Comme il s'en revenait, en sui-
« vant les mêmes défilés des Pyrénées, dit l'au-
« teur de la vie de *Louis-le-Pieux*, les Vascons
« voulurent user envers lui de leur astuce na-
« tive et habituelle. Mais sa prudence déjouant
« leur perfidie et les surprenant dans leurs
« projets, il fit saisir et pendre le premier qui
« se présenta pour défier les Francs ; et quant
« aux autres, leurs femmes et leurs enfants
« que ce prince fit enlever par ses soldats,
« lui servirent d'ôtage jusqu'à la sortie de
« ces gorges. Par ce moyen, le roi et son ar-
« mée n'éprouvèrent aucun dommage des Vas-
« cons. » On a parlé aussi d'une véritable collision entre ces Francs et ces Vascons ; et, d'après quelques auteurs, ce serait *Adalaric*, duc des Vascons, qui aurait été pris et pendu à Roncevaux, par les ordres de *Louis-le-Débonnaire*.

Les Vascons obtinrent leur revanche aux mêmes lieux quelque temps après ; nous voulons faire allusion ici à la victoire qu'ils remportèrent sur le comte *Ebbles* ramenant en deçà des Pyrénées une armée de Francs.

2. Et si le célèbre *Prince Noir* réussit, en 1367, à traverser ce célèbre défilé de Roncevaux, dans sa marche au secours de *Pierre-le-Cruel*, roi de Castille, que venait de détrôner *Henri de Transtamare*, c'est que cet habile capitaine, l'une des gloires de l'Angleterre, avait pris des précautions infinies pour s'y préserver de toute embûche. Dans une entrevue qui eut lieu à Bayonne, entre *Pierre-le-Cruel*, *Charles-le-Mauvais*, roi de Navarre, et le prince de Galles, Charles, pour permettre à celui-ci le passage par les montagnes de la Navarre, se fit promettre *Logroño*, le *Guipuscoa*, *Calahorra*, *Alfaro* et toutes les terres et seigneuries du comte de Transtamare. (1). Charles-le-Mauvais ayant fait concevoir des doutes sur sa bonne foi (et il était certes coutumier du fait), *Hue de Caverly*, qui commandait quelques postes avancés, s'empara, aux frontières de la Navarre, de *Miranda* et du *Pont-la-Reine*. Ce roi s'en plaignit ; on récrimina, en l'invitant à venir se justifier. De *Saint-Jean-Pied-de-Port*, où il s'arrêta d'abord,

---

(1) D'après Froissart, à toutes ces cessions, il faudrait ajouter celle de *Sauveterre* et de *St-Jean-Pied-de-Port* ; erreur évidente, puisque *Sauveterre* dépendait du Béarn et que *St-Jean-Pied-de-Port* appartenait au roi de Navarre. Aussi ne retrouve-t-on pas ces deux villes dans le traité de Bayonne, que nous a conservé Rymer.

on parvint à l'attirer jusqu'à Peyrehorade, où se rendirent également *Pierre-le-Cruel* et le *Prince Noir*, dont le quartier général était à Dax, et ce n'est qu'après avoir renouvelé le traité de Bayonne, dans le château dont les ruines dominent si fièrement *Peyrehorade*, que le chef anglais se décida à effectuer, en plein hiver, le passage de Roncevaux, avec sa belle et nombreuse gendarmerie.

L'avant-garde, forte d'environ 10,000 chevaux et que commandait le duc de Lancastre, frère du prince de Galles, avec le connétable et les deux maréchaux de Guienne, précéda d'un jour le second corps où se tenait le général en chef, avec *D. Pedro* et Charles de Navarre, suivis de 4,000 *tous hommes d'armes et de* 7,000 *chevaux*. Ces deux corps n'ayant rencontré d'autre obstacle que les neiges et les vents, s'abattirent de Roncevaux sur la douce vallée de Pampelune, et *Charles-le-Mauvais* fêta, dans sa capitale, le héros anglais. Le troisième jour, ce fut le tour du comte d'Armagnac, du sire d'Albret, avec Bernard d'Albret, sire de Gironde, son neveu, du comte de Périgord et d'autres, la plupart Gascons ou routiers et faisant bien en tout 10,000 chevaux. La neige et l'ouragan ménagèrent cette arrière-garde, où marchait aussi D. Jayme, roi de Majorques, autre prince détrôné; et, comme les troupes qui l'avaient précédée, elle ne tarda pas à se refaire, d'ailleurs, aux environs de Pampelune. — Suivirent et la bataille de Navarrette et la conquête de la Castille, que *Pierre-le-Cruel* ne put conserver.

3. Nous aurions bien d'autres armées à suivre dans ces mêmes défilés. Mais nous aimons mieux rappeler à nos lecteurs une troupe guidée vers Roncevaux par des sentiments moins hostiles, comme avec un appareil plus pacifique.

Au mois de décembre 1559, on vit arriver à St-Jean-Pied-de-Port, Antoine de Bourbon, roi de Navarre et père de Henri IV, conduisant en Espagne *Elizabeth* (ou Isabelle) de France, fille de Henri II et sœur de François II, de Charles IX, de Marguerite de Valois, de Henri III..... Cette princesse, on le sait, avait été destinée d'abord à l'infant D. Carlos, fils unique de Philippe II et de Marie de Portugal, sa première femme. Mais le roi d'Espagne, devenu veuf pour la seconde fois par la mort de Marie d'Angleterre, avait fini par demander, pour lui-même, la main d'Elizabeth qui lui fut accordée, au traité de paix de *Cateau-Cambrésis*, du 3 avril 1559. *Elizabeth* née, comme le prince D. Carlos, en 1545, n'avait alors que quatorze ans. Mais elle était bien formée et possédait toutes les grâces, toute la beauté des Valois. Antoine de Bourbon fut chargé de la remettre sur les frontières de la Haute-Navarre, entre les mains des commissaires de Philippe II. Mais les neiges et le froid que rendait plus rigoureux l'aspérité des montagnes, forcèrent cette jeune princesse à gagner l'abri du monastère de Roncevaux, où, après cinq jours passés à régler le cérémonial de sa remise, se présentèrent le duc de l'Infantado et le cardinal-archevêque de Burgos, frère du précédent, commissaires du roi d'Espagne. Le marquis de Cenete, le comte de Tendilla, le marquis de Monteclaro, les comtes de Saldagne, de Ribaldavia et de Ribadeo, Diego Hurtado, fils du marquis de Cenete et vingt autres seigneurs, tous de la maison de Mendoça ou d'autres maisons non moins illustres d'Espagne, étaient accourus à Roncevaux, pour servir de cortége à leur nouvelle reine, avec 2,500 cavaliers richement équipés. Leur gravité contrastait singulièrement avec la galanterie et la légèreté françaises. Elizabeth avait à sa droite le roi de Navarre et, du même côté, mais un peu plus bas, le prince de la Roche-sur-Yon (1); Mlle de Montpensier, fille du prince du même nom, et Mlles de Rieux et de Clermont se tenaient à la gauche. Lopez de Gusman, majordome, debout, nommait les seigneurs qui se présentaient à la princesse, et lui baisaient la main, à genoux. Le cardinal-archevêque de Burgos la harangua en latin. Ce n'était pas assurément une langue dont pût s'effaroucher une

---

(1) C'est la femme de ce prince, *dame d'honneur* de Catherine de Médicis, qui répondit au reproche de Louis Ier, prince de Condé, *de s'être mise en condition* : « Pourquoi pas ? n'avez-vous pas été colonel de l'infanterie après Bonivet et le vidame de Chartres ? »

fille de la maison des Valois, et l'on a dit même que la belle Marguerite, sœur de cette jeune reine, sut s'en servir pour des rendez-vous d'amour. Mais lorsque l'austère prélat fit entendre ces mots : « *Pulchritudinem tuam Rex* « *concupiscit* , — le roi est amoureux de votre « beauté, » cela fut dit d'un tel ton qu'Elizabeth en frissonna. Pourtant cette gracieuse fille de France n'en prodigua pas moins ses sourires à tous ces personnages. Mais si elle réussit à désarmer leur gravité, elle ne put conjurer le destin qui l'attendait sur le trône, pour l'immoler ; car cette cérémonie de Roncevaux ne fut que le pompeux prologue d'un drame aussi ténébreux que terrible et qui se dénoua par la mort de l'Infant D. Carlos, comme de cette belle reine d'Espagne. En 1565, celle-ci revit Bayonne, où elle retrouva les joies de la famille, auprès de sa mère, Catherine de Médicis, et de son frère Charles IX. C'est même par *St-Jean-Pied de Port* que son autre frère (depuis roi de France, sous le nom de Henri III), François de Bourbon, prince dauphin, et fils du duc de Montpensier, Henri de Lorraine, duc de Guise, Eléonor d'Orléans, duc de Longueville, Damville, maréchal de France, le comte de Villars et nombre d'autres seigneurs, se portèrent au devant d'elle jusqu'au delà d'Arveny et la suivirent à St-Sébastien, pour rentrer avec elle en France (1)....

---

(1) V. nos *Souvenirs de St-Jean-de-Luz*, p. 36 et 37.

à son retour des fêtes de Bayonne, combien le palais de l'Escurial dut lui paraître plus sombre et plus menaçant, quoique tout récemment construit ?... Elle mourut, le 3 octobre 1568, n'ayant que 23 ans !... L'Infant D. Carlos l'avait précédée de peu de temps au tombeau, empoisonné ou étranglé, dans son lit, par l'ordre de son père, qui s'est arrangé de manière à faire de cette double mort un mystère que l'histoire n'a pu pénétrer.

IV.

1. Route de Bonloc à St-Palais. 2. Le peuple Basque; 3. St-Palais et la Bidouze.

1. Dans notre excursion mentale à Roncevaux, nous avons quitté le *Labourd*, pour entrer dans la *Basse-Navarre*, quelques kilomètres avant d'atteindre le village de *Helette*. Rentrés dans le Labourd et de retour à Bonloc, c'est maintenant de notre personne que nous allons remonter vers la *Basse-Navarre*, en reprenant la route de St-Palais.

Bonloc est un site heureux et l'on consentirait volontiers à s'y réfugier, de fois à autre, contre les troubles et les déceptions du monde, à l'exemple de ces commandeurs qui baptisèrent ce village d'un nom français, dans une contrée où tous les autres noms appartiennent à la langue basque. Nous signalerons surtout à l'attention des voyageurs une modeste église qui s'y voile d'un bouquet de chênes, sur un monticule, dont cinq ou six chaumières baisent les pieds. Nous connaissons bien des albums qui ne renferment pas des vues de ce mérite.

Au départ de *Bonloc,* la route suit les détours du *Garralde*, petit gave descendu, nous pourrions dire tombé, des flancs du mont *Garralda*, et dont l'industrie basque a mis les bonds au service de deux ou trois usines. Mais lors de notre passage, ce torrent était muet et les usines en chômage, sous l'oppression d'un été dont la brise de mer venait de nous déguiser les rigueurs, à St-Jean-de-Luz. Néanmoins, les charmes que le Garralde a semés sur ses bords n'en avaient pas complétement disparu, et nos yeux ravis de ce qu'il en restait, purent juger de la beauté de ces mêmes lieux, lorsqu'ils se trouvent sous de moins cruelles influences.

Saint-Esteben situé sur le versant occidental du val d'*Arberoue*, où dominèrent les Belsunce, ne vaut pas, pour le plaisir des yeux, du moins, le village de Bonloc. C'est pourtant un agréable contraste aux aspects sévères que l'on vient de rencontrer, en passant le col qui sépare le mont *Alçamendy* du *Garralda*.

Remontés, mon compagnon de route et moi, du fond du val d'*Arberoue*, sur les hauteurs qui s'élèvent à l'est, nous retrouvâmes d'abord, de vastes pâturages, et puis, c'est-à-dire au delà du château de Méharin, de beaux ombrages ainsi que de fraîches prairies. C'est au ruisseau de *Béhobie* que ce vallon emprunte sa fécondité et sa beauté.

Nous l'avons déjà dit, le château de Méharin appartient aux Belsunce, et il n'est pas rare d'ouïr dans le voisinage de ce vieux manoir, ces chants basques, faits jadis en l'honneur d'un membre de cette famille, qui s'était distingué dans la guerre de Hanovre :

Eskualdunen arraza
Hila ala lo dutza ?
Ez dut endelgatcen.
Belsunce bizcondea,
Hain capitain handia,
Ez baitzant mintzatzen ;
Hori zait gaitzitzen.

. . . .

Dormez-vous, enfants des montagnes ?
Quoi ! de Belsunce, en nos campagnes,
Le nom ne trouve plus d'écho !
Qu'avec chagrin de tant de gloire
Je vois s'éteindre la mémoire,
Aux lieux qui furent son berceau !

. . . .

Gotingoco partian
Entzuten zutenean :
Belsunce heldu da !
Elgargana bil eta :
Nun da ene bayoneta ?
Oyhuz armetara !
Bainan oro ikhara.

. . . .

Lorsque ces mots : « Belsunce arrive ! »
De la *Seile* troublaient la rive,
« A moi, ma baïonnette, à moi ! »
Criait, derrière ses murailles,
Le Germain qui, dans les batailles,
Ne le vit jamais sans effroi

. . . .

Franciac ghero ere,
Hunitz dembora gabe,
Etsaïc baituzke ;
Zure odoleticaco
Aintcindari onghisco
Erreghec on duke :
Othoi, ezcontzite.

. . . .

Bientôt pour la France peut-être,
L'ère des combats va renaître,
Et pour donner à notre roi
Des héritiers de ton courage,
Belsunce, prends en mariage
Une femme digne de toi.

C'est dans le château de Méharin qu'en novembre 1835, la princesse de Beira, fiancée à D. Carlos, reçut, en secret, l'hospitalité de M. le vicomte de Belsunce, à qui nous devons une bonne *Histoire des Basques*, en deux vol. in-8°. Le lendemain cette princesse, confiée à un courageux contrebandier, réussit à passer en Espagne, où elle vit bénir son mariage dès le lendemain, avec le prétendant, son beau-frère.

Au delà du château de Méharin et du gracieux vallon dont il est, en quelque sorte, le suzerain, la route, en multipliant ses détours et ses courbes, réussit ainsi à atteindre les landes de *Mixe*, d'où elle se rapproche un moment du château de *Luxe* (nom éminemment historique, on en jugera bientôt), pour toucher, plus loin, à ce village de *Garris*, dont un proverbe basque compare les marchés célèbres à la Tour de Babel, et descendre, enfin, à St-Palais, cette suzeraine déchue de la vallée de la *Bidouze* et même de la *Basse-Navarre.* — La voie que nous venons de parcourir depuis Bonloc est l'une des plus habilement tracées que nous connaissions.

Au sein de nos grandes villes, où les mœurs, les lois, les sciences et les arts n'ont rien laissé subsister de la vie primitive, il est bien difficile de se rendre compte des bienfaits de la civilisation. Blasés sur tant de merveilles, à la possibilité desquelles nous aurions refusé de croire, la veille de leur découverte, que de fois l'impatience française a maudit les lenteurs de la télégraphie électrique, ou traité la vapeur d'asthmatique et de podagre ! D'un autre côté, sur des esprits qui ne connaissent pas d'autres arbres, d'autres rochers et d'autres cascades que ceux du bois de Boulogne, on sait le succès qu'obtiennent les récits des voyageurs dans les savanes et les forêts de l'Amérique. Mais qu'ils viennent visiter nos landes, où la route se perd tantôt à travers des sables pareils à ceux de la Thébaïde, tantôt au fond des forêts de pins ; que, plus loin, ils gravissent les rampes pyrénéennes ; qu'ils se suspendent aux rochers, et qu'ils côtoient des abîmes !... Nous ne prétendons pas nier qu'ils ne gardent avec plaisir les impressions de ce voyage, à la condition, bien entendu, de ne pas trop le prolonger... Mais après avoir vu, dans ces lieux domptés par la science, la lutte victorieuse de la civilisation contre la nature sauvage, ce n'est plus à celle-ci qu'ils réserveront le plus d'intérêt, si nous jugeons d'eux par nous-mêmes. Que de fois, dans les montagnes de la Basse-Navarre, nous avons béni les mains qui nous en facilitèrent l'abord ! Sans parler de ces chevaux qui nous emportent et qu'un honnête homme vulgairement nommé *maquignon* prit soin d'assouplir à notre volonté, et de tant d'art et de science mis à contribution, pour nous bercer mollement dans notre voiture, jusques dans la région des nuages, ne devons-nous pas aussi notre reconnaissance à l'ingénieur qui nous a ménagé ce passage sur le bord des précipices, qui, par amitié pour nous, a déplacé ces rochers, percé ces bois et comblé ces ravins ; à ces conducteurs qui l'ont secondé dans ces plans et qui furent les bras de son génie ; et même à ces bons ouvriers qui ont concassé cette pierre pour nous éviter des cahots ?... Quel grand homme que Mac-Adam !... Et puis, faut-il oublier cette sécurité qui nous entoure ?... Pour la bagatelle de deux francs, une fois payés, on nous garantit l'aide et la protection des autorités constituées. En Espagne, voyez ce que coûte, au contraire, une sauvegarde des voleurs eux-mêmes ?... Vous me direz que les voleurs nous viennent de la civilisation et qu'il est juste dès lors qu'elle nous fournisse ses gendarmes, pour nous en défendre... Nous vous contestons ici vos prémices. Non ! les voleurs ne nous viennent pas de la civilisation. Demandez plutôt aux navigateurs qui ont visité les peuplades sauvages. Quant aux escrocs et à toutes leurs variétés, nous ne disons pas... Au surplus, à défaut de voleurs peut-être, nous aurions certainement, sans la civilisation, des loups et des ours en Navarre, et nous préférons à cette fâcheuse rencontre, l'hôtesse moins sauvage qui nous attend à St-Palais.

Parvenus en effet à St-Palais, dans l'hôtel des Voyageurs, au coin de la place, nous vîmes qu'à ce dernier égard, nous ne nous étions trompés que sur la quantité, car au lieu d'une seule hôtesse, nous en trouvâmes neuf, la mère et ses huit filles, dont les deux plus âgées (l'une de 17 et l'autre de 15 ans) tenaient déjà en beauté, en grâces et même en distinction, ce que se bornaient encore à promettre les six autres. Ajoutez à cette première surprise un vin du crû justement estimé... Nous ne craignons pas d'affirmer ici que ce vin que n'auraient pas désavoué les coteaux de Jurançon, nous fut offert, à notre déjeûner, par des mains que ne désavouerait pas une duchesse.

2. Ainsi les habitantes de la Basse-Navarre, comme leurs sœurs de la vallée de la Soule, n'ont rien perdu de ces attraits que leur com-

patriote *Oihénart* constata chez leurs aïeules, il y a juste deux siècles, et nous aimons à croire également que la fidélité dont ces dernières firent preuve jadis, au dire du même auteur, s'est conservée dans ces pays, aussi pure qu'au XVIIe siècle. Dans l'hôtel de St-Palais où nous descendîmes, les prix de vertu traînaient du moins sur les chaises du salon.

Cette beauté n'est point particulière aux femmes du pays Basque, et nous pencherions à croire même, au risque de pécher contre la galanterie, que la beauté des hommes les y distingue beaucoup plus des populations des autres vallées. Le surlendemain de notre passage à St-Palais, nous nous trouvions sur le seuil de l'*hôtel des Touristes*, à *Laruns*, dans la vallée d'Ossau, quand vint à passer un jeune homme aux traits nobles et réguliers et portant avec grâce ses vêtements de simple villageois. — C'est un Basque, fit le maître d'hôtel, qui s'était aperçu de l'impression produite sur nous par cet étranger.—A quoi l'avez-vous connu, lui dîmes-nous. —Rien qu'à le voir, répliqua-t-il.

Et si l'on veut savoir quelle âme recouvre cette brillante enveloppe, voici ce qu'en a dit un général qui fut l'administrateur de ces mêmes contrées :

« Braves jusqu'à la témérité, ils ont donné,
« dans la dernière guerre (1) des preuves écla-

---

(1) Il est question ici des campagnes de 1793, 1794 et

« tantes de leur courage ; ils étaient la terreur
« des troupes espagnoles. L'expérience, néan-
« moins, en attestant leur valeur sur leurs
« foyers, prouve aussi combien ils répugnent à
« les quitter : la cause évidente de cet éloigne-
» ment pour le service militaire, lorsqu'on les
« arrache à leur pays, est dans l'horreur qu'ils
« ont pour tout ce qui restreint leur liberté ;
« elle est dans leur attachement à leurs usages,
« dans l'ignorance presque absolue où ils sont
« de la langue française ; enfin, dans leur goût
« pour la propreté, qu'ils regrettent également
« de ne pas trouver à l'armée ; car c'est peut-
« être le peuple le plus propre qu'il y ait au
« monde.

« Ennemi de la contrainte, le Basque se roidit
« contre les menaces et les peines ; mais on peut
« beaucoup sur lui par la douceur et la persua-
« sion : prompt à s'enflammer, facile à s'apai-
« ser, ennemi implacable, vindicatif, extrême
« dans la vengeance ; ami fidèle, franc et sin-
« cère, infiniment porté à obliger, lorsqu'on sait
« flatter son amour-propre, ennemi du repos,
« laborieux, habituellement sobre et chaste, at-
« taché singulièrement à sa religion et à ses
« prêtres (1) ; voilà les principaux traits qui le

1795, contre l'Espagne. (*Voir Souvenirs de St-Jean-de-Luz*, p. 46 et suiv.) On peut consulter aussi ces *Souvenirs*, au sujet du caractère du peuple Basque, p. 77 et suiv.

(1) Nos lecteurs trouveront, plus loin, la résistance que ces peuples opposèrent aux ordres de réforme religieuse émanés de leur reine, Jeanne d'Albret.

« distinguent : d'une agilité extrême, tout son
« corps est un mouvement perpétuel.

« Après avoir lutté, pendant les jours de tra-
« vail, contre une terre ingrate, il se livre, dans
« ceux de fêtes, à la gaieté, aux plaisirs les plus
« fatigants ; la danse et le jeu de paume sont ses
« exercices favoris, et il y excelle.......

« Il ne contracte point, ou presque point d'al-
« liance avec les peuples voisins ; s'il s'en fait
« quelqu'une, elle est méprisée et exposée à des
« qualifications humiliantes dont l'orgueil local
« aime à s'égayer. Lorsque, sous l'empire du
« retrait lignager, un étranger acquérait des im-
« meubles dans le pays, on voyait toutes les
« bourses ouvertes pour laver, par l'exercice du
« retrait, l'opprobre du nom basque. » (*Statistique du département des Basses-Pyrénées*, par le général SERVIEZ, Pau, an X.)

N'oublions pas un autre genre d'éloges non moins irrécusable ! Nous voulons parler des injures dites contre le peuple basque, par ceux qui ne purent réussir à l'assujettir à leurs lois. Les Carlovingiens l'ont accusé de perfidie et de brigandage, au souvenir de Roncevaux. Quant aux Romains, ils avaient fait sur lui ce proverbe, où la vérité s'est fait jour, à travers leur colère : « *Cantaber in bello dicitur esse latro leo.* »

Au sein de cette nation élégante et noble de caractère autant que d'origine (V. *Souvenirs de St-Jean-de-Luz*, page 82 et suiv.), il n'est point rare pourtant de rencontrer, d'une part, quelques individus que la nature n'a qu'ébauchés et qui sont aux Basques ce qu'est le pilier informe à la colonne corinthienne, ou, d'autre part, des groupes d'hommes et de femmes au teint oriental, à la prunelle ardente, à la chevelure inculte, aux gestes fréquents et colères.... ni les uns ni les autres n'appartiennent au peuple basque. Dans les premiers, ne voyez que des crétins, restes d'une race dégradée et infectée autrefois de la lèpre ; dans les seconds, des *Zingari*, ou *Gitanos*, ou *Bohémiens*. Ceux-ci ne sont pas dépourvus d'énergie, loin de là !... ni même de beauté sauvage. Mais par leurs mœurs, comme par leur caractère, ils sont aux Basques ce qu'est le vautour à l'aigle royal.

3. La ville de St-Palais possède un beau collège et un tribunal de première instance, faible dédommagement de ce qu'elle fut autrefois, et nous ne pensons pas que ses habitants se montrent fort enthousiastes du système de centralisation qui les a ruinés. Henri d'Albret avait créé dans leurs murs, en 1520, un *conseil souverain*, sous le nom de *chancellerie de Navarre*, et composé d'un président, ou vice-chancelier, de cinq conseillers, d'un avocat général et d'un procureur général. St-Palais avait, de plus, un Hôtel des Monnaies et c'est aussi dans cette ville que s'assemblaient les Etats de la Basse-Navarre. La sous-préfecture se trouvant à Mauléon, St-Palais ne reçoit même pas les membres du conseil d'arrondissement, cette triste parodie des Etats provinciaux.

La Bidouze *arrose*, dit-on, la ville de St-Palais. Mais lorsque nous y passâmes, l'été venait de supprimer totalement cette rivière, dont le lit nous offrit plus de poussière que d'eau. C'est pourtant la Bidouze qui transporta sur des barques de pourpre et d'or, de l'Adour au château de Bidache, Charles IX, Catherine de Médicis et toute la cour de France, c'est-à-dire de fiers et fanatiques seigneurs ou capitaines, que menaient en laisse des filles d'honneur, et notez, s'il vous plait, que ce voyage s'opéra dans l'été de 1565, dont la rigueur fut telle « qu'il mourut « plusieurs personnes et chevaux, à cause de la « chaleur et du long et fâcheux chemin. » (*Journal d'Abel Jouan.*)

V.

1. Route de Saint-Palais à Mauléon. 2. Vallée de la Soule, Mauléon et Licharre. 3. Route de Mauléon à Tardets. Pastorale basque. Emigrations.

1. La route de St-Palais à Mauléon, dans sa partie montueuse, du moins, ne vaut pas celle de Bonloc à St-Palais, ni à raison de son tracé, ni à raison de la diversité des aspects ou sévères ou gracieux. A la vérité, les premiers kilomètres que l'on parcourt, après avoir franchi le pont de la Bidouze, sont frais et riants. Plus loin, on laisse, sur la gauche, la route qui fuit vers Sauveterre, et l'on ne jette pas un regard indifférent sur le beau manoir de Behaspe, qui

se montre, sur la droite, au sein de beaux massifs et de beaux tapis de verdure. Mais des rampes difficiles ne tardent pas à détruire ces premières impressions, et au delà des villages de *Domezain*, d'*Etcharry* et d'*Aroue*, que l'on traverse successivement, l'on a même fait l'injure, à ceux qui ouvrirent cette voie, d'établir un relai de renfort pour les voitures.

Hâtons-nous donc de franchir ces coteaux dépouillés d'ailleurs de tout caractère pyrénéen ! Après avoir dépassé *Charrite*, nous ralentirons, au contraire, le pas, car nous regretterions d'arriver trop vite à Tardets.

2. C'est qu'à Charritte, nous sommes descendus dans la vallée de la Soule ; assurément, nous ne pouvions pas la visiter dans de pires conditions. L'été ne l'avait pas ménagée non plus, et son Gave, le *Saison*, perdant cette vive allure qui lui est habituelle, s'écoulait presque goutte à goutte, dans son lit silencieux. Mais n'importe ! La Soule soutient, sans désavantage, dans nos souvenirs, la comparaison avec les plus célèbres vallées des Hautes-Pyrénées. Nous signalerons même dans la vallée de la Soule un charme qui lui est particulier : c'est la variété. Celle-ci qui s'ouvre aux limites de l'Espagne, avec laquelle les ports de Larrau, de Béla jet d'Ordayté, ainsi que les cols de la pierre Saint-Martin et de Peseamou la mettent en communication, se prolonge jusqu'au seuil du Béarn. Sa longueur, depuis le quartier de Ste-Engrâce, jusqu'au point où le Saison se réunit au

Gave d'Oloron, en aval de Sauveterre, est donc de 55 à 60 kilomètres ; si bien que sa tête couronnée de neiges, de ravins et de torrents n'a rien à envier, sous ce rapport, aux vallées du Lavedan et du Comminges. Ses monts moins formidables, à la vérité, affectent de belles formes ; accolés au pic d'Anie qui s'élève à 2,500 mètres au-dessus du niveau de la mer, ils ne sont pas indignes de ce voisinage. Mais la Soule élargissant ses flancs richement tapissés de bois, de champs de maïs et de belles prairies, finit par s'étaler en une vaste plaine peuplée de villages prospères et bordée à l'Est comme à l'Ouest, par une double chaîne de coteaux, dont le regard aime à suivre les gracieuses ondulations... Au surplus, n'attendez de nous aucune description de ces magnificences ! Où le pinceau se trouverait impuissant, que pourrait produire un simple dessin à la plume ! Visitez la Soule ! c'est le seul moyen d'apprécier sa superbe beauté.

Quel site, par exemple, que celui de Mauléon ! Comme ce château domine féodalement la ville qui s'est couchée à ses pieds ! Ne me parlez ni des ruines du château de Ste-Marie, dont le vallon de Luz se montre si fier, ni du prieuré de St-Paul, qui décore le seuil de la vallée de Campan, ni de la ville de St-Bertrand de Comminges ! Tout en commandant une contrée non moins belle, le château et la ville de Mauléon nous semblent plus pittoresques, et l'œil ravi ne se détache des vieilles tours qui couronnent ce noble paysage, que pour descendre de gradins en gradins jusqu'au bord du *Saison*, par dessus lequel Mauléon et sa sœur, Licharre, se donnent la main et forment, ainsi réunies, la capitale de la *Soule*. En vérité, sans l'honneur si fort prisé par Jules-César, d'être *le premier dans un village*, M. le président du tribunal de St-Palais devrait envier à M. le sous-préfet de Mauléon sa belle résidence.

Le château de Mauléon nous paraît parfaitement situé aussi, à raison de sa destination primitive, qui dut être de protéger la vallée de la Soule contre toute invasion étrangère. C'est en amont de la ville que s'offre un véritable carrefour de vallons, de gorges et de ravins, dont la plupart remontent à la frontière d'Espagne. Nous allons en indiquer les principaux.

A mi-chemin du village de *Garindein*, à celui d'*Idaux*, s'ouvre, vers le sud-ouest, un vallon, au seuil duquel se trouve assis le village d'Ordiarp, ancienne dépendance du monastère de Roncevaux. Non loin de ce village, ce vallon se divise en deux branches, baignées, l'une par l'*Abaraquia* et l'autre par l'*Arrangorgne*.

Le petit vallon qui prend au village de Mendy et remonte au village d'*Aussurucq*, ne mériterait pas une mention particulière, s'il ne servait pas de chemin pour parvenir à la fontaine d'*Ahusqui*, dont la réputation circonscrite naguères dans ces montagnes, commence à se répandre au loin. Le maréchal Harispe notamment dut quelques jours de plus de sa glorieuse vie aux eaux d'*Ahusqui*, plus salutaires pour lui que celles voisines de son château de *Lacarre*, en *Basse-Navarre*. (1). La source d'*Ahusqui* jaillit du creux d'un rocher, et le trop plein s'en épanche dans de grandes auges où viennent s'abreuver les bestiaux d'alentour. Mais le temps approche où ces eaux se verront recueillies avec plus de soins et réservées au *roi des animaux*, l'usurpateur par excellence. Bientôt aussi le hameau de châlets où s'abritent aujourd'hui les buveurs, n'aura rien à envier aux villages les plus prospères de la vallée de la *Soule*. Ainsi commencèrent *Barèges*, *St-Sauveur*, les *Eaux-Bonnes*. On peut aussi atteindre la fontaine d'Ahusqui par un chemin qui mène de Tardets au village de *Camou*, au delà duquel on s'élève sur les hauteurs plus à l'ouest, où l'on joint le chemin direct de Mauléon sur *Ahusqui*.

Au village d'*Alos*, placé presque en face, mais quelque peu en aval de Tardets, la vallée de la *Soule* subit une seconde bifurcation. L'*Aphoura*, nommé plus haut le *Sarday*, coule au fond de l'une de ces branches qu'un géographe français a surnommé le *Val Dextre*. Ce torrent reçoit ses divers affluents des monts *Bosmendi*, *Beloscar*

---

(1) La Basse-Navarre possède d'autres eaux minérales que celles de Lacarre, et nous pouvons signaler aussi les deux petits établissements de *Labets* et de *Garris*. La Soule n'a pas que les eaux d'*Ahusqui* non plus. Tout proche de Mauléon on trouve des eaux minérales; on nous a parlé également des sources ferrugineuses et sulfureuses de Garraybie.

et *Nouhate*, d'un côté, ainsi que du col de *Buronglaxe*, de l'autre. La seconde branche, conservant le nom de la *Soule*, se bifurque de nouveau, en amont du village de *Licq*. C'est le gave de *Larrau* qui parcourt l'un de ces deux vallons, surnommé *Val Senestre*, et s'ouvrant vers le *Sud-Est*. Ce torrent se forme principalement de la réunion du *Surcatnéguy*, descendu des flancs du mont *Nouhate* et du l'*Olhado*, qui vient des ports de *Larrau* et de *Betcula*, ainsi que du *Col Uthurourdineta*. — Quant à l'autre branche, tournant un peu au *Sud-Ouest*, après s'être séparée du *Val Senestre*, elle remonte par delà le quartier de Sainte-Engrâce, dont le gave qui l'arrose emprunte le nom, en recevant les eaux diverses qui ruissellent, notamment du port d'*Urdayte*, du mont *Lacourre*, de la *crête de Larre* et des bois de *Suscousse*.

Cette partie de la Soule, nommée par les habitants du pays *Basaburia* (extrêmité du désert), est riche en aspects sévères. Ces monts ont de belles formes; et de vastes forêts qui valurent autrefois à toute la contrée le nom de *Subola*, tapissent cet amphithéâtre de rochers empilés à l'extrêmité de la vallée. C'est un spectacle qui captive constamment le regard, lorsqu'on suit la route de Mauléon à Saint-Palais.

3. Cette route, presque dans tout son parcours, qui est de 12 kilomètres environ, se trouve resserrée entre le Saison qui coule à droite, et une chaîne de montagnes s'élevant à gauche. Sans s'écarter de cette ligne, on tra-

verse, sur un bord du Gave, où l'on aperçoit sur l'autre bord, *dix villages*, indépendamment de Mauléon et de Tardets. Ce sont, sur la route : *Libarrenx*, *Gotein*, *Saint-Etienne*, *Sauguis* et *Troisville;* et de l'autre côté du Saison : *Garindein, Idaux, Menditte, Ossas* et *Alos*.

La tradition a fait naître à Saint-Etienne, le chevalier *Jacques de Béla*, (1) que les biographes

---

(1) Le chévalier Jacques de Béla fut un juriste et un militaire. Reçu *docteur ès-lois*, à l'Université de Toulouse, en 1606, à l'âge de 20 ans, il composa un *Commentaire sur la coutume de Soule,* dont il reste deux manuscrits, ainsi qu'un *Inventorium juris romani et juris canonici*. Mais ses travaux historiques et philosophiques sont bien plus considérables. Montaigne n'aurait pas désavoué ses *Tablettes*, vaste dépôt manuscrit en sept volumes petit in-4°, où Jacques de Béla a réuni sous un titre trop modeste ses recherches et ses méditations. Il passa trente ans de sa vie à composer une *Histoire des Basques,* dont le bénédictin Sanadon publia un extrait, sous le titre d'*Essai sur la noblesse des Basques, pour servir d'introduction à l'histoire générale de ces peuples, rédigé sur les Mémoires d'un militaire basque, par un ami de la nation.* (Pau, imprimerie de J.-P. Vignancour, 1785, 1 vol. in-8°). Le chevalier de Béla était, en 1648, colonel du régiment de Royal-Cantabre. Il mourut, en 1667, âgé de 81 ans.

La ville de Mauléon a produit également les *Maytie* et les *Sponde,* dont nous aurons à parler plus longuement, par la suite. *Oihénart*, avocat au parlement de Navarre, et qui nous a donné l'excellent ouvrage ayant pour titre : *Notitia utriusque Vasconiæ...* (*Parisiis*, 1656, petit in-4°), était de Mauléon. C'est à Tardets, non loin de cette ville, qu'est né M. *Augustin Chaho*, qui a publié, entr'autres ouvrages, *Histoire primitive des Euskariens-Basques,* 1 vol. in-8°, — *Voyage en Navarre,* 2 vol. in-8°, — *Biarrits,* 2 vol. in-12......

disent natif de Mauléon. Du village de Troisville, sortit Tréville, capitaine-lieutenant des mousquetaires sous Louis XIII. Heureux privilége du talent! Sans avoir mérité complétement l'oubli de l'histoire, à son sujet, car il fut aussi bon militaire qu'agréable discoureur, le comte de Tréville ne doit qu'à la plume d'Alexandre Dumas son immortalité ressuscitée. Son nom devenu populaire avec ceux de d'*Artagnan*, d'*Athos*, de *Porthos* et d'*Aramis*, participe ainsi du sort de Roland peu connu dans l'histoire, mais célèbre dans la région vaporeuse des fables et des fictions. — En 1736, M. *de Moneins*, comte de *Troisvilles*, se trouvait revêtu de la double charge de *sénéchal de Navarre* et de *gouverneur pour le roi, du pays et vicomté de Soule et château de Mauléon*.

Lorsque nous fûmes descendus, dans Tardets, à l'hôtel Julienne, je crois (hôtel, du reste, qui tient plus qu'il ne promet, en apparence), nous aperçûmes une épée, dans l'une des deux chambres que l'on nous offrit. Craignant que cette pièce ne se trouvât déjà prise par quelqu'autre voyageur, nous allions nous retirer, lorsque la maîtresse d'hôtel nous apprit que cette arme venait de servir à l'une des jeunes filles du village d'*Abense*, situé de l'autre côté du Saison, pour jouer son rôle dans une *Pastorale*. On donne ici ce nom à des drames représentés par les *Souletins*, non à cause du sujet, qui n'offre rien de pastoral, mais bien par allusion à la condition des acteurs, simples villageois pour la plupart. Ces drames se jouent ou par de jeunes garçons, sans mélange de jeunes filles, ou par de jeunes filles, sans mélange de jeunes garçons. La *Pastorale* d'Abense, au surplus, ne fut pas admise sans quelque difficulté, le maire de ce village ayant refusé d'en permettre la représentation, et ces jeunes filles se virent obligées de recourir à l'autorité de M. le sous-préfet de Mauléon. On pense bien que pour former cette députation, on n'élut pas les moins jolies. Le moyen de résister à de pareils orateurs, dont les yeux d'ordinaire ont autant d'éloquence que la parole? On dit, d'ailleurs, que M. le sous-préfet de Mauléon est un digne enfant du pays, et qu'il n'eut pas besoin d'un interprète pour comprendre leur harangue. Aussi cette autorisation leur fut-elle accordée avec autant de grâce que de bienveillance.... Et pourquoi la leur refuser?.... Outre que l'on devrait plutôt favoriser que combattre ces jeux et ces usages, qui conservent au pays Basque sa nationalité, il doit être permis à ces jeunes filles de se distraire ainsi des chagrins que leur inflige journellement l'émigration de leurs jeunes compatriotes.

A Saint-Palais, nous venions de laisser une hôtesse entourée de ses *huit* filles. Celle qui nous accueillit à Tardets avait eu *neuf* enfants. Mais nous ne la trouvâmes pas entourée de cette belle famille. Deux filles seulement lui restaient; les autres enfants s'étaient dispersés, et l'émigration par delà les mers avait prélevé sur cette maison une forte dîme.... Partout où nous sommes passés, dans notre voyage à travers le pays Basque, nous avons recueilli de nombreuses plaintes au sujet de cette fièvre d'aventures qui ravit tant de jeunes Basques à leurs montagnes. Mon Dieu ! il faut nous en affliger, mais non nous en étonner, car c'est ce caractère aventureux et intrépide, à la fois, qui guida leurs aïeux sur toutes les mers, leur fit affronter les monstres et les tempêtes, et nous valut de grandes découvertes. Aujourd'hui d'habiles *racoleurs* (si nous connaissions un nom plus méprisable, nous nous en servirions), viennent exploiter, sans vergogne, ce caractère qui n'a point dégénéré, et par l'appât autant des aventures que des richesses, ils engagent, ils enlèvent du pays Basque, la fleur de la population. Aussi les bras manquent à cette terre délaissée, et l'agriculture s'y trouve en grande souffrance... En attendant que le gouvernement prenne des mesures, à ce sujet, nous ne saurions assez applaudir au patriotisme de ces Basquaises, qui, à l'exemple de nos deux hôtesses de Saint-Palais et de Tardets, font de si louables efforts pour combler les brèches produites par ces émigrations.

—

Après avoir fait connaissance, à Tardets, avec les truites du *Saison*, comme avec les jambons de la Soule, lesquels méritent encore de nos jours l'éloge qu'en a fait Oihénart, au XVIIe siècle, (1) nous partîmes, le lendemain, pour Oloron, et nous fîmes nos adieux à ce pays, des hauteurs de *Montory*. C'est le moment, ce nous semble, de jeter un regard, en arrière, sur son histoire.

VI.

NOTICE HISTORIQUE SUR LA BASSE-NAVARRE ET LA SOULE.

1. Vicomtes et suzeraineté de la Soule. 2. Basse-Navarre et bailliage de Mixe. 3. Avènement de la maison de Foix au trône de Navarre. 4. Perte de la Haute-Navarre par la maison d'Albret. 5. Troubles religieux dans la Soule et dans la Basse-Navarre. 6. La Soule et la Basse-Navarre depuis l'avènement de Henri IV au trône de France.

1. Dans nos *Souvenirs de Saint-Jean-de-Luz*, nous avons donné un *Résumé de l'Histoire des Basques*, et les premières pages de ce récit embrassent aussi bien la *Soule* et la *Basse-Navarre* que le pays de *Labourd*. Mais en deçà de l'occupation par *Sanche Garsie*, dit *Abarca I*^{er}, roi de Navarre, de la *Basse-Navarre* et de la *Soule*, les événements qui intéressent spécialement *Saint-Jean-de-Luz* ainsi que les rives de la Nivelle et

---

(1) « *Alluitur Sasone fluvio, truttarum saporis optimi*
« *fœcundissimo. Hinc etiam atque ex* Inferiori Navarra
« *suillæ pernæ omnium exquisitissimæ in universam*
« *Galliam evehuntur.* »

de la Bidassoa, nous ont détourné quelque peu des contrées plus éloignées, bien qu'habitées par la même nation. Nous allons essayer de compléter ici ce *Résumé*, pour ce qui regarde la *Basse-Navarre* et la *Soule*.

A l'époque de la conquête de ces pays par Sanche Garsie, dit *Abarca I*er, il existait déjà des vicomtes particuliers dans la vallée de la *Soule*. On trouve, en effet, un *Sanche*, vicomte de cette contrée, du temps de *Seguin*, duc de Gascogne, de 812 à 816; et un *Aznar*, ou *Asinarius*, vicomte de *Soule* et de *Louvigny*, en 845, lequel *Aznar* serait un descendant, par *Wandrille*, son père, *Artalgarius*, son aïeul, et *Hatton*, son bisaïeul, du duc *Eudes*, celui-ci petit-fils de *Charibert*, roi d'Aquitaine et de Gisèle, fille d'*Amand*, duc des Vascons, si nous en croyons la charte d'Alaon et l'*Histoire générale de Languedoc*, t. 1er, p. 688. Ce n'est qu'en 906 que les rois de Navarre incorporèrent à leurs Etats cette même vallée, avec la *Basse-Navarre*, en leur laissant toutefois leurs libertés et spécialement à la *Soule*, le gouvernement de ses vicomtes. (*Sanadon*, *Essai sur la noblesse des Basques*). (1)

---

(1) Voici la liste qu'Oihénart nous fournit de ces vicomtes, p. 558 :

Raymond Guillaume dit *Salamaca*, qui vécut vers l'an 1040, et existait encore en 1060.

Guillaume Fortis, fils du précédent, de 1080 à 1118.

Mais cette vallée ne retomba-t-elle pas dans les mains des ducs de Gascogne ?.... C'est là une de ces questions dont le temps et la perte de documents ont rendu la solution bien difficile, disons plus, impossible.

Vers l'an 1058, d'après Marca, *Centulle III*, vicomte de Béarn, ayant voulu envahir la *Soule*, y reçut une blessure mortelle par trahison, et voici la singulière note que l'on trouvait à son sujet, dans le cartulaire de Lescar :

« Le comte ne fit pas le bien ; aussi, fut-il
« blessé et mourut-il de ses blessures, Dieu
« merci ! »

On accusa de cette mort *Raymond Guillaume*, dit *Salamaca*, vicomte de la *Soule*. Celui-ci, redoutant le ressentiment des Béarnais, résolut de s'enfuir en Bigorre où il possédait le fief de Savedan. Mais, pour gagner cette retraite, il lui fallait passer sur les terres de l'évêque d'Oloron et ce prélat ne lui en accorda la permission qu'à la condition de réunir la Soule à son

---

Centulle.

Navarra, avec son mari *Auger de Miramont*, en 1150.

Bernard Sanche, en 1178.

Raymond Guillaume 2e, de 1187 à 1200.

Raymond Guillaume 3e, fils de celui qui précède, de 1240 à 1254.

Auger, en 1260. Ce fut un général distingué qui, ayant à se plaindre justement d'Edouard, duc de Guienne, se retira en Navarre, où il devint connétable et fonda l'illustre maison des seigneurs de Mauléon.

évêché. On prétend qu'antérieurement à cette époque, cette vallée dépendait du diocèse de Dax. Cependant *Grégoire*, abbé de Saint-Sever, évêque de Dax et personnage d'une grande autorité, ne se plaignit pas de ce démembrement ; et, d'un autre côté, *Amat*, légat des papes, évêque d'Oloron, et, comme l'affirme Marca, *homme d'une probité reconnue*, maintint, dans cette occasion, que la *Soule* avait appartenu de toute antiquité à l'église d'Oloron. Si les évêques de Dax firent quelques réclamations à ce sujet, ultérieurement, leurs démarches demeurèrent sans succès.

De ce fait que la vallée de la Soule appartenait, pour le spirituel, ou au diocèse de Dax ou au diocèse d'Oloron, gardons-nous d'induire que cette contrée fût retombée dans les mains des comtes de Gascogne. Ceci tenait à l'ancienne circonscription des cités de l'Aquitaine. On sait, par exemple, que la *Basse-Navarre*, formant un sixième *merindad* (district) du royaume de Navarre, obéissait, quant au spirituel, en partie, à l'évêque de Dax, et, en partie, à l'évêque de Bayonne. Nous avons rappelé, ailleurs, que l'autorité de ce dernier prélat s'étendait aussi au delà de la Bidassoa.

On lit, de plus, dans Marca, que *Centulle IV*, autre vicomte de Béarn, ayant secondé *Guillaume*, fils de *Gui Geoffroi* et duc d'Aquitaine, dans sa guerre contre *Bernard Tumapaler*, comte d'Armagnac, obtint de ce *comte de Gascogne*, entre autres libéralités, la cession *des droits de supériorité que Sanche, comte de Gascogne, possédait en la vallée de Soule.* Mais ces expressions n'indiquent-elles pas plutôt de simples prétentions qu'une possession réelle ?

Dans un traité passé entre ce même *Centulle* et *Raymond Guillaume*, vicomte de la Soule, on voit celui-ci *excepter*, en prenant l'engagement d'aider *Centulle* dans toutes ses querelles, *le roi de Pampelune et le comte de Gascogne* (1). Marca

---

(1) Cette charte mérite d'être transcrite ici, comme tableau des mœurs de la *Soule* à cette époque reculée. Nous en prenons la traduction dans l'*Histoire du Béarn:*

« Au nom de la Saincte Indivisible Trinité, commence la description de l'accord que firent entre eux et leurs hommes tant cavaliers que piétons, *Centulle* de Bigorre, qui est vicomte de Béarn et d'Oloron, et, de l'autre part, *Raymond Guillaume*, vicomte de *Soule*, et ses enfants et les autres cavaliers de Soule.

« Premièrement, il a été accordé que si le vicomte de Soule, ou quelque sien homme, soit cavalier ou piéton, enlève, par quelque souplesse, aucune chose qui soit propre du vicomte de Béarn et d'Oloron, qu'il lui fasse raison et justice de ce fait, tant de soi que des siens, soit à Navarrenx ou à Sainte-Marie-d'Oloron, eu tel de ces lieux qu'il plaira au vicomte de Béarn et d'Oloron ; et qu'il fasse telle raison et justice, que le vicomte de Soule et ses enfants, et les cavaliers de Soule, réparent au double la chose enlevée ; ou bien qu'ils se purgent moyennant leurs propres serments : ce qui doit être entendu en cas de défaut de preuve, du côté du plaignant. Pour les piétons, qu'ils payent le double, suivant le serment de leurs seigneurs, ou bien que chacun d'eux se purge avec son serment et celui de son seigneur qui soit cavalier, ou par le duel des hommes, qui jamais n'aient fait guerre.

« Que si le vicomte de Soule, ou quelque homme de

trouve, dans cet accord, la preuve que *Centulle* avait la souveraineté de la Soule. Sanadon, au contraire, voit, dans la restriction en faveur du roi de Pampelune, une preuve de la souverai-

---

Soule fait quelque tort, ou enlève et ôte par adresse quelque chose à un homme soit cavalier ou piéton, qui soit du vicomté de Béarn et d'Oloron, que le même vicomte de Soule répare au double le tort qu'il a fait, lorsqu'il verra un homme plaignant en Soule ; et avant que trois jours soient expirés, qu'il fasse justice de soi-même, ou se purge de sa main par serment, le huitième jour ; qu'il fasse semblablement justice du cavalier, en sorte qu'il répare doublement ce que l'on demande, ou qu'il jure, le huitième jour, avec deux chevaliers ; et qu'il fasse, de même, justice du piéton, en sorte qu'il répare au double la chose demandée, avec le serment de son seigneur, ou bien qu'il se purge, le huitième jour, avec son seigneur cavalier, qui jure avec lui, si ce que l'on demande est une vache, trois pourceaux, ou dix brebis, ou quelque chose de plus grand prix ; que si elle est de moindre prix, il jurera avec deux témoins des meilleurs de sa paroisse.

« Si le vicomte de Soule ne fait point cette justice, comme il est dit, il viendra à Navarrenx, lorsqu'il sera appelé par le vicomte de Béarn et d'Oloron, ou bien à Sainte-Marie-d'Oloron, en quel de ces deux lieux qu'il plaira au vicomte de Béarn et d'Oloron, et là fera justice devant le vicomte de Béarn et d'Oloron, quant au vicomte de Soule et les siens, en telle sorte qu'ils réparent le méfait doublement avec les serments susdits, ou bien qu'ils jurent en la forme déjà dite, ou qu'ils prouvent par le duel, que cela est ou n'est pas, lequel duel se fera, non pas en la rive de Soule, mais en la rive du côté de Navarrenx. Et les serments seront faits devant le saint de Méritens ; et qu'il ne vienne point de Soule pour le duel plus de cinquante hommes.

« Que le vicomte de Béarn et d'Oloron fasse les mêmes choses des siens, excepté ceux d'Aspe, au vicomte de Soule.

neté des rois de Navarre sur cette même vallée. En tout cas, on s'explique difficilement l'acceptation par Centulle de la restriction du vicomte de la Soule en faveur des comtes de Gascogne,

---

« Cet accord sera gardé au vicomte de Béarn et d'Oloron, à son fils, à sa race et aux siens, tout autant que le vicomte de Soule et ses enfants et ses jureurs seront en vie ; et, de même, le vicomte de Béarn et d'Oloron le fera garder par les siens. Si aucun des vicomtes vient à mourir, celui qui survivra et ses jureurs garderont cet accord à l'héritier de l'autre et aux siens ; et veulent et consentent qu'il soit toujours observé par leurs héritiers.

« Outre ce, le vicomte de Soule, ses enfants et cavaliers, jurent au vicomte de Béarn et d'Oloron, qu'ils l'aideront toujours contre tous hommes qui ne voudront lui faire raison et justice, savoir pour ceux de Soule, aux lieux de Navarrenx ou Sainte-Marie-d'Oloron, *exceptés le roi de Pampelune et le comte de Gascogne.*

« Si quelque homme du vicomte de Béarn et d'Oloron, ou des siens, s'enfuit en Soule, le vicomte de Soule et les siens, ou fassent justice de lui au vicomte de Béarn et d'Oloron et aux siens à Navarrenx ou à Sainte-Marie-d'Oloron, ou bien qu'ils l'assistent de bonne foi.

« Que si quelque larron sort de la Soule et entre en la terre du vicomte de Béarn et d'Oloron et revient en Soule, avec le méfait, ceux d'où il est sorti le répareront avec l'amende ou bien ceux vers lesquels il s'est retiré, ou ceux qui le voyant lui ont permis à leur escient de passer, s'ils ne l'amènent à justice devant le vicomte de Béarn et d'Oloron, à Navarrenx ou à Sainte-Marie-d'Oloron.

« Raymond Guillaume, vicomte de Soule et ses fils, et les meilleurs cavaliers de toute la Soule, ont juré cet accord, comme il est écrit ; en telle sorte qu'il soit tenu et gardé inviolablement par eux et par les autres de Soule et qu'il dure au siècle du siècle. Paix aux hommes de bonne volonté. »

surtout avec le sens qu'y attache Marca, alors que *Guillaume*, fils de *Gui Geoffroy*, venait de lui céder les *droits de supériorité que Sanche, comté de Gascogne, possédait sur cette vallée.*

Louis-le-Hutin qui, devenu roi de Navarre, fonda la ville de *Labastide-Clairence*, en *Basse-Navarre*, ne tint nul compte, du reste, des prétentions soit des ducs ou comtes de Gascogne, soit des vicomtes de Béarn, lorsqu'il céda la *Soule* à Édouard, roi d'Angleterre et duc de Guienne ; car *donner* ce pays à ce représentant des ducs de Gascogne, ce n'était pas *reconnaître* le droit de celui-ci sur l'émolument de la concession.

A cette époque, *Augier*, dernier vicomte particulier de la Soule, s'était retiré en Navarre, où il devint connétable. M. de Monlézun (t. 6, p. 375), rapporte même, à la date de 1261, une charte extraite du bureau des finances et où c'est *Augier, fils de Raymond Guillaume, autrefois vicomte de Soule, qui cède à Édouard le château de Mauléon et toute la vicomté de la Soule, avec les droits qu'il eut et dut avoir, dans l'hérédité de son père sur cette vicomté,* en échange des villes de *Farina, Saubusse, Sar, Engom*, et de toute la terre de *Marensin*.

Peu de temps après, selon Olhagaray, le roi de Navarre tenta d'envahir le Béarn, en débouchant par *Garris, Mauléon* et *Sauveterre*. Gaston, vicomte de Béarn, qui se tenait à Orthez, appela ses deux gendres, l'un comte d'Armagnac et l'autre comte de Foix, au secours de sa principauté. *Le comte d'Armagnac fit la sourde oreille.* Mais le comte de Foix accourut avec une forte armée et battit le roi de Navarre, qui se retira honteusement. Froissart a également parlé de cette campagne sur laquelle ce chroniqueur donne des détails que Marca assimile aux fables de l'archevêque Turpin sur Roncevaux. L'historien du Béarn démontre, au surplus, que cette invasion provint du roi de Castille, au lieu du roi de Navarre, et eut un tout autre théâtre que celui indiqué par l'historien de Foix.

Survinrent, plus tard, les grandes guerres en Guienne et en Gascogne, contre les Anglais. Au mois de septembre 1339, Philippe de Valois fit don à Gaston IX, comte de Foix et vicomte de Béarn, *de la ville, chastel, vicomté et seigneurie de Mauléon de Soule*, pourvu qu'il en fît la conquête, car les rois d'Angleterre, ducs de Guienne, en avaient gardé jusques-là les clefs, et même tout un siècle s'écoula sans que les comtes de Foix pussent s'en emparer. Ce n'est qu'en 1442 que Gaston XI se vit en mesure d'entreprendre cette conquête, pour laquelle il fit un armement qui lui coûta 50,000 livres tournois. A l'approche du comte de Foix, les habitants de la ville de Mauléon lui en ouvrirent les portes, et la garnison anglaise s'étant réfugiée dans le château, il fallut en entreprendre le siége. Réduits aux abois et ne se trouvant pas sans inquiétudes à raison de la violation d'une trève précédente qu'ils avaient vilainement rompue, les assiégés s'adressèrent à

Jean d'Aragon dont ils implorèrent l'intercession auprès de Gaston, son gendre. Ce prince vint en effet au camp du comte de Foix, solliciter pour les Anglais, promettant *qu'ils ne mettraient jamais le pied dans le Béarn ni à quatre lieues de ses terres.*

Gaston répondit qu'il regrettait de voir son beau-père intercéder pour des traîtres. « Prenez « donc en gré, ajouta-t-il, que je reste fidèle à « mon roi, irréconciliable à l'Anglais et à tous « ceux qui tiendront son parti. Mais pour l'a- « mour de vous, ces voleurs condamnés à être « pendus par le commandement du roi, auront « grâce, sous peine de ne porter les armes d'un « an ; et, à votre parole, s'ils veulent vivre, « qu'ils sortent ! »

« Ce qu'ils firent, dit Olhagaray, et jurèrent « l'observation de leur composition. »

Le comte de Foix garda cette conquête durant tout le règne de Charles VII, roi de France. Mais après la mort de ce dernier prince, Louis XI envoya des commissaires, pour se faire remettre la *Soule*, disant qu'*autrement il l'aurait par force*, et menaçant même le comte de Foix *de le chasser de ses autres terres et seigneuries*, s'il résistait à sa volonté. Il fallut céder, non sans formuler des réserves et protestations.

Quelque temps après, Louis XI ayant été choisi pour arbitre de certains différends qui existaient entre le roi de Castille et Jean d'Aragon, roi de Navarre, le roi de France rendit à Bayonne, le 23 avril 1463, une sentence qui, end'autres dispositions, adjuge au roi de Castille le *Mérindad d'Estelle*, distrait ainsi du royaume de Navarre ; et comme la comtesse de Foix et son fils aîné, mari de Magdelaine, sœur de Louis XI, se trouvaient les prétendants au royaume de Navarre (ceci ne va point tarder à recevoir de plus amples explications), le roi de France, par lettres du 24 mai 1463, leur céda tous ses droits aux comtés de Roussillon et de Cerdaigne, pour les dédommager de la perte du *Mérindad d'Estelle*. En même temps, ce prince reconnaissant les droits de la maison de Foix sur la vicomté de la Soule, en vertu du don qu'en avait fait Philippe de Valois, déclara délaisser à la comtesse de Foix et à son fils *les chastel, ville, vicomté et seigneurie de Mauléon de Soule*, sans autre réserve que *le ressort et souveraineté et les foi et hommage* qu'ils seraient *tenus de lui en faire*.

Néanmoins, ce délaissement ne fut point effectué, et le 5 mai 1465, on voit le comte Gaston protester devant deux notaires de Tours, contre le projet manifesté par Louis XI, de se constituer son débiteur de 10,000 écus d'or, à raison de ses services et de lui donner en gage, pour cette somme, le château et la seigneurie de Mauléon. Le comte de Foix déclare, dans cet acte, qu'en acceptant ce gage, il n'entend pas déroger à ses droits primitifs et qu'il n'y accède que par crainte de courroucer le roi, « vu
« d'ailleurs les troubles du royaume sur le par-
« tement de M. de Berry, au sujet desquels

« il est décidé à le servir de sa personne. (1) »

Deux jours après, le roi se constitua débiteur, en effet, de 10,000 écus d'or, envers le comte de Foix et lui donna le château de Mauléon, en garantie de cette dette.

Mais Louis XI ayant cédé ultérieurement le duché de Guienne, à son frère Charles, Magdelaine de France, qui avait perdu son mari, au tournoi de Libourne, en octobre 1469, et se trouvait tutrice de François Phœbus, son fils, s'en plaignit au nouveau duc, au sujet de la Soule, dont elle réclama la propriété, nonobstant l'engagement du 7 mai 1465. Charles fit droit à cette demande, par lettres données à Saint-Sever, en février 1474.

Après la mort du duc de Guienne, le roi de France reprit ses premières prétentions, en insistant aussi sur le principe qui défend l'aliénation des domaines de la couronne. Dans cette nouvelle occasion, Magdelaine adressa ses remontrances à ce prince, et si la décision définitive de cette affaire ne se retrouve pas, nous savons, du moins, que les comtes de Foix devenus rois de Navarre, et après eux la maison d'Albret furent laissés en possession de la vallée de la Soule, sans qu'il fût question des 10,000 écus d'or ni de l'engagement du 7 mai 1465. (2)

---

(1) Allusion à la *guerre* dite *du Bien public*.

(2) Peu satisfait du récit incomplet que l'on trouve sur cette affaire, dans l'*Histoire générale de Languedoc*, nous avons fait prendre, au Trésor de Pau, des copies des diverses

Il n'est pas inutile de faire observer ici, qu'au sujet du principe sur l'inaliénabilité des domaines de la couronne, Magdelaine de France avait dit *que le château de Mauléon et pays de Soule avaient toujours été tenus en foi et hommage et ne furent oncques incorporés ni mis au domaine, si ce n'est que les vicomtes les avaient toujours tenus à foi et hommage des rois et ducs de Guienne.*

Olhagaray prétend aussi *que le pays anciennement appelé Çuberoa, mot basque composé, qui signifie:* « vous êtes chaud, » *pour ce que le peuple y est de joviale humeur, fut depuis appelé Soule, en leur langue, à cause que ce petit recoin environné du Béarn, Aragon et Basse-Navarre, s'est toujours maintenu seul, en l'obéissance des rois de France.* Outre que le nom de *Subola*, dont on fit, par contraction *Sola*, se trouve dans Frédégaire et que ce mot, dans la langue du pays, signifie une région couverte de forêts, d'après Oihénart, nous en avons précédemment assez dit, pour établir que cette vallée ne resta pas toujours dans l'obéissance et surtout dans la possession des rois de France. Dans ce conflit de prétentions opposées sur la suzeraineté de la Soule, il est prudent de ne s'attacher qu'à

---

chartes, dont nous venons de donner une analyse fidèle. C'est à l'obligeance de M. Ferron, archiviste, que nous devons ces documents. Nous étions loin de prévoir, à cette époque peu reculée pourtant, que la mort allait nous enlever ce savant à jamais regrettable.

la possession de fait, et ce mode d'examen indique pour maîtres de cette contrée, d'abord ses vicomtes particuliers, puis les rois de Navarre ; après ces derniers princes, les rois d'Angleterre comme ducs de Guienne, et, enfin, les comtes de Foix.

2. Pour ce qui est de la *Basse-Navarre*, si nous en exceptons le pays ou bailliage de Mixe, la question ne paraît pas aussi difficile et il nous semble positif qu'elle resta une dépendance du royaume de Navarre, avec lequel ce *Mérindad* advint à la maison de Foix et à la maison d'Albret.

Mais le bailliage de Mixe nous inspire quelques doutes. Cette terre et celle d'Ostabat formaient autrefois une dépendance de la vicomté de Dax. Centulle IV, vicomte de Béarn, en entreprit la conquête, vers l'an 1080 ; mais il échoua dans cette guerre ; et ce fut son fils, Gaston IV, qui, à son retour de la Palestine, et vers l'an 1107, s'empara de ces deux pays, où il introduisit le for de Morlàas. Dès cette époque, ainsi que Marca le constate, les deux maisons de *Luxe* et de *Gramont*, qui étaient les principales du pays conquis par le vicomte Gaston, devinrent les vassaux de celui-ci.

Néanmoins, au mois d'octobre 1258, on voit, dans *Oihénart* (p. 264), *Brax*, seigneur de *Luxe*, faire hommage de son château à *Thibaud*, roi de Navarre et promettre de lui obéir, *comme à roi et seigneur naturel*, ainsi que de défendre sa cause, *sauf le droit de son seigneur le vicomte de*

Tartas (1), ajoutant qu'il tiendra cet engagement, tant qu'il plaira au roi de Navarre de garder *de Luxe*, dans sa mouvance, ou à lui, *de Luxe*, d'y demeurer. (2) Ainsi Brax, ne tenant nul compte de la conquête du vicomte de Béarn, reconnaissait pour son seigneur le vicomte de Dax, représenté à cette époque par le vicomte de Tartas, comme pour son roi, le roi de Navarre. Et pareillement, à la date de 1364, le vicomte de Tartas fit hommage au roi de Navarre, *pour les terres de Mixe et d'Ostabarès* (Trésor de Pau.)

3. C'est dans ces circonstances que la maison de Foix parvint au trône de Navarre.

Les descendants mâles de *Sanche II*, dit *Abarca*, avaient porté cette couronne jusqu'au 7 avril 1234, époque de la mort de Sanche VII, dit le *Fort*, et de l'avènement de *Thibaud*,

---

(1) *Arnald*, vicomte de Tartas, ayant reçu de sa femme *Navarra*, la vicomté de Dax, prit le double titre de vicomte de Tartas et de Dax. C'est de ce seigneur qu'il est question dans cet hommage. Son fils, Pierre, qui vivait de 1263 à 1272, et son petit-fils Jean, en 1275, se qualifièrent de même.

(2) .... « *Cavebant ut si in posterum vectigalia hujus-
« modi iis concessa (quæ usitato nomine beneficia diceban-
« tur) revocare regi, absque illorum fraude, decretum esset,
« aut ipsis ea suâ sponte remittere placeret, exinde sibi à
« regis fide discedere, et eam alteri Principi addicere impunè
« liceret... »* (*Notitia utriusque Vasconiæ... Authore Arnaldo Oihenarto Mauleosolensi.*)

comte de Champagne, fils de *Doña Sanche*, sœur du dernier roi.

Les descendants mâles de *Thibaud* eurent la Navarre, jusqu'au 21 ou 22 juillet 1274, date de la mort de *Henri*, dit *le Gras*, lequel fut suffoqué, en effet, par la graisse. *Jeanne*, sa fille, ayant épousé Philippe-le-Bel, ce roi de France joignit à ce premier titre celui de roi de Navarre.

Philippe *le Bel*, Louis *le Hutin*, Philippe *le Long* et Charles IV (Charles Ier, en Navarre) furent à la fois, et longtemps avant les Bourbons, *rois de France et de Navarre*.

A la mort de *Charles IV,* survenue, le 31 janvier ou 1er février 1328, *Jeanne*, fille de Louis *le Hutin*, hérita de la Navarre, qu'elle porta dans la maison d'Evreux, ayant pris pour époux Philippe d'Evreux, prince du sang royal. Ils eurent pour fils, Charles *le Mauvais*, qui laissa la couronne de Navarre, à son fils, Charles III, dit *le Noble*. *Blanche*, fille de ce dernier prince, épousa vers l'an 1419, Jean II, fils cadet de *Ferdinand*, roi d'Aragon.

De *Jean d'Aragon* et de *Blanche,* roi et reine de Navarre, naquirent :

D. Carlos, prince de Viane ;

Blanche, qui fut mariée au roi de Castille ;

Et *Éléonore*, qui épousa le comte de Foix.

A la mort de leur mère, la couronne de Navarre revenait de droit à *D. Carlos*, son fils. Mais *Jean d'Aragon* voulut la garder, et il s'ensuivit une guerre impie entre ces deux princes.

Fait prisonnier, en octobre 1452, renfermé dans le château de Tafalla, et relâché l'année d'après, le prince de Viane reprit les armes, s'empara de Saint-Jean-Pied-de-Port et soumit même à ses lois une grande partie de la Navarre. Mais il fut battu à Estella', l'an 1456, par son père et par le comte de Foix, mari d'Éléonore, sa sœur; quant à Blanche, son autre sœur, elle avait pris le parti de son frère.

Deux ans après, Jean d'Aragon fit arrêter son fils qu'il retint dans Lérida, ce qui détermina une révolte des Catalans en faveur de D. Carlos. Que fit *Jeanne*, fille de l'amirante de Castille et seconde femme de Jean d'Aragon ? Elle remit le prince de Viane, après avoir fait couler, dans ses veines, un poison lent, dont il mourut aux mains de ses libérateurs.

Blanche, sa sœur aînée, aurait dû lui succéder. Mais pour la punir d'avoir soutenu la cause de son frère, Jean d'Aragon avait résolu de faire passer la couronne sur la tête d'*Éléonore*, comtesse de Foix. Déjà *D. Henri* de Castille, attribuant aux maléfices et aux sortiléges de n'avoir pu consommer son mariage avec Blanche, venait de répudier cette belle et vertueuse princesse, que l'on voulait, en même temps, exclure du royaume de Navarre.

Plus tard, et dans une entrevue qui eut lieu à Sauveterre, entre Louis XI et Jean d'Aragon, le comte de Foix se fit promettre la remise de sa belle-sœur, qui fut, en effet, enlevée à ces fins, dans Olite et conduite en deçà des Pyrénées. Il

ne s'agissait d'abord (on le disait, du moins,)
que de la forcer à garder le célibat, pour réserver le trône de Navarre à sa sœur Éléonore.....
C'est en vain qu'à Roncevaux, Blanche remit
à *Pierre de Péralta,* connétable, une protestation
contre cette violence, qui se poursuivit, jusqu'à
son terme. Parvenue à Saint-Jean-Pied-de-Port,
elle comprit qu'on en voulait à sa vie ; et telle
fut sa terreur qu'elle en écrivit à son mari et
qu'elle signa un écrit qui donnait pouvoir à ce
prince, ainsi qu'au comte d'Armagnac, au
comte de Lerin et à D. Juan de Beaumont, de
réunir leurs efforts pour la délivrer, comme
aussi de lui désigner un époux qui pût lui garantir la vie, en échange de la Navarre. Puis,
apprenant qu'on allait la transférer à Saint-Palais, elle abdiqua ses droits en faveur du roi
de Castille. Mais au sein de la débauche où il
restait plongé, de quel sentiment généreux ce
lâche prince pouvait-il se montrer susceptible ?... De Saint-Palais, Blanche fut traînée à
Orthez et renfermée dans le château de Moncade, où la tradition, d'accord avec les historiens d'Espagne, comme avec l'*Art de vérifier les
dates*, accuse le comte de Foix de l'avoir fait
périr par le poison. Sa mort survint le 2 décembre 1464. — C'est donc au moyen d'un double
crime que la comtesse de Foix gagna la Navarre, dont la couronne ne coûta à cette maison
que deux doses de poison !

Jean d'Aragon ayant cessé de vivre, en 1479,
Éléonore monta sur ce trône, d'où la mort la

précipita, au bout de quinze jours. Son fils, Charles, tué au tournois de Libourne, en octobre 1469, l'avait précédée dans la tombe, et son petit-fils, François Phœbus, l'y suivit de près, car il mourut, en 1483, empoisonné, dit-on, par les Espagnols qui auraient ainsi préludé à l'invasion de la Navarre.

4. A *François Phœbus* succéda *Catherine de Foix*, sa sœur. Cette princesse porta la couronne de Navarre dans la maison d'Albret, en épousant Jean d'Albret, vers l'an 1491.

A cette époque leur royaume se trouvait fort troublé par deux factions rivales, l'une ayant à sa tête le connétable de Beaumont, et l'autre, le chef de la maison de Gramont. Au lieu de les détruire, *Jean d'Albret* se déclara pour le parti des Beaumont, et *Catherine*, pour celui des Gramont. Le connétable de Beaumont ayant fini par braver son maître, fut condamné à mort, en 1506, comme coupable de lèze-majesté. Réfugié auprès de Ferdinand, roi de Castille, son beau-frère, il lui livra toutes les places qu'il occupait en Navarre. D'un autre côté, Jean d'Albret s'étant brouillé avec la cour de Rome, à cause de l'élection du cardinal d'Albret, comme évêque de Pampelune, Jules II jeta l'interdit sur tout le royaume. Enfin, le roi de Navarre refusant le passage au roi de Castille qui voulait marcher contre la France, le pape l'excommunia en donnant la Navarre au premier occupant, et ce premier occupant fut Ferdinand, roi de Castille. Malgré les secours envoyés par la France, sous les ordres de La Palice, le duc d'Albe ravit la Navarre à la maison d'Albret, qui ne conserva que le *Mérindad* connu sous le nom de Basse-Navarre et situé en deçà des monts. (1)

Henri d'Albret, fils et successeur de Jean d'Albret, mort le 15 mai 1516, et de *Catherine de Foix*, morte le 12 février 1517, essaya bien de rentrer en Navarre et son parent, *André de Foix*, surnommé *Lesparre*, en fit même la conquête, de prime abord, en 1521. Mais les Espagnols le ramenèrent avec vigueur, au delà des frontières, et après avoir repris également, en 1522, la place de Fontarabie que l'amiral de Bonivet venait de leur enlever, ils tentèrent une invasion directe contre le Béarn. *Sordes* et *Hastingues* furent brûlés, *Bidache* saccagée. *Mauléon* se soumit aux Espagnols ; *Sauveterre* capitula ; *Oloron* résista. Chassé par la famine et harcelé par les Basques, l'ennemi finit par se retirer en Espagne, laissant définitivement la *Basse-Navarre* ainsi que la *Soule* à la maison d'Albret (2). On sait déjà que *Henri* créa, vers cette époque, le *conseil souverain* ou chancellerie de *Basse-Navarre*, qu'il rendit sédentaire à Saint-Palais.

---

(1) La Basse-Navarre ne renferme que trois villes, *Saint-Jean-Pied-de-Port, Saint-Palais* et *Labastide-Clairence*, et environ cent villages.

(2) La *Soule* n'a qu'une ville, *Mauléon-Licharre*, et soixante-sept villages.

Après la mort de *Henri d'Albret*, survenue le 25 mai 1555, nous entrons dans une autre phase de l'histoire de la Basse-Navarre et de la Soule. Nous voulons parler des troubles religieux qui mirent à de dures épreuves la fidélité dont les Basques firent profession de tous les temps envers leurs princes. Mais la cause de ces événements se rattache au règne de Henri d'Albret, la femme de ce roi de Navarre, Marguerite de Valois, n'étant pas restée étrangère aux premiers pas de la réforme en Béarn. C'est donc à cette princesse que nous devons faire remonter notre récit, à ce sujet.

5. Les apôtres de la Réforme se trouvant, en France, l'objet de persécutions incessantes, s'étaient réfugiés à la cour de Navarre. Sans adopter leur doctrine, Marguerite de Valois leur accorda sa protection. L'un d'eux, *Roussel*, obtint l'évêché d'Oloron et profita de cette haute position dans l'église catholique, pour répandre autour de lui les premières semences de la religion réformée.

C'est ainsi qu'en 1549, ce prélat donna mission à un religieux bénédictin, qui avait adopté sa doctrine, d'aller prêcher à Mauléon contre les indulgences. Les Souletins s'indignèrent d'un tel sermon, et Pierre Maytie, l'un des notables de Mauléon, imposa silence à ce prédicateur, en lui déclarant que tous ses concitoyens disaient anathème sur lui comme sur les erreurs qu'il essayait de propager. Le missionnaire ayant manifesté l'intention de continuer, Maytie lui ordonna, non sans menaces, de descendre de cette chaire qu'il profanait, et force fut à ce religieux de quitter l'église, poursuivi par les huées du peuple, qui le chassa même de la ville.

Ce n'était là que le prélude d'une scène bien plus violente. Roussel voulut essayer sur la même ville son influence personnelle, et cette influence était d'autant plus dangereuse, qu'à de grands talents il joignait la régularité des mœurs, fort rare, à cette époque, dans le clergé du Béarn. Il se rendit, en conséquence, à Mauléon, y monta en chaire et s'y éleva avec force contre l'invocation des saints. Mais Pierre Maytie l'avait suivi dans l'église, portant une hache sous son manteau. Indigné de tant de blasphèmes, ce catholique fervent traverse la nef et se met à démolir à coups de hache la chaire où prêchait le sectaire. Roussel tomba, se blessa dans sa chute, s'empressa de quitter la vallée de la Soule, et mourut quelque temps après. Claude Régin le remplaça sur le siége d'Oloron.

Pierre Maytie eut à répondre de cette violence devant le parlement de Bordeaux duquel dépendait alors la *Soule;* mais il fut renvoyé absous.

Ainsi cette vallée garda sa foi pure de toute hérésie, et nous allons la voir y persister, après la mort de *Marguerite de Valois* et de *Henri d'Albret*, c'est-à-dire sous le règne de *Jeanne d'Albret*, qui ne se contenta pas de protéger les calvinistes, comme l'avait fait sa mère, mais qui finit par entreprendre de détruire, dans ses Etats, la religion catholique.

Cette conduite valut, en 1563, à cette princesse, une sentence d'excommunication du roi Charles IX. « Néanmoins, la Basse-Navarre se « rebella contre sa maitresse (et ici l'on va comprendre que nous copions un auteur protestant, dont le blâme a été accepté comme un éloge par les habitants catholiques de ce pays) ; « peu-« ple superbe et insolent et qui n'avait pas en-« core appris, *qu'il n'y a vice sur lequel les juge-« ments de Dieu se déployent plus souvent que « l'orgueil et rébellion.* » (Olhagaray.)

La reine se trouvait à la cour de France lors de ces premiers mouvements. Mais le comte Antoine de Gramont, son lieutenant-général en Béarn, réussit à les apaiser sans parvenir, néanmoins, à faire quitter à ces peuples la religion de leurs pères. C'est vers ce temps que les chanoines du chapitre d'Oloron se réfugièrent à Mauléon, où ils fixèrent leur séjour durant un grand nombre d'années.

Nous voici parvenus à l'année 1567 signalée par la seconde guerre de religion. La reine de Navarre, ravivant ses édits en faveur de sa nouvelle croyance, chargea des commissaires de se transporter en tous lieux et d'y procéder *à la démolition des images et des autels*, comme à la vente des biens ecclésiastiques. Elle ordonna notamment à son lieutenant-général de Gramont, d'interdire la chaire publique aux religieux et prêtres dans la ville de Saint-Palais, et d'obtenir, s'il était possible, soit par adresse, soit par tout autre moyen, que les fonctionnaires catholiques assistassent au prêche. Ces ordres déterminèrent un nouveau soulèvement dans cette dernière contrée, sous la conduite de *Charles*, seigneur *de Luxe*, qui était gouverneur du château de Mauléon. On va même jusqu'à dire que ces révoltés ouvrirent des intelligences avec l'Espagne pour invoquer son appui; et certes, il faut convenir que Jeanne d'Albret, dans l'ardeur de son puritanisme, ne songeait pas assez aux dangers qu'elle pouvait provoquer de ce côté.

Les révoltés se saisirent de *Garris*, mais Jeanne d'Albret leur envoya son fils; c'était *Henri*, âgé seulement de 14 ans et qui devint, bien plus tard, notre Henri IV. A son approche, les plus compromis gagnèrent les montagnes. Mais le jeune prince de Navarre apportait l'assurance, pour tout le pays, que les Basques n'éprouveraient aucune gêne dans l'exercice de leur religion; à cette condition ils posèrent les armes.

Néanmoins, la reine de Navarre n'accorda point un pardon général à cette révolte, et, dans la ville de *Saint-Palais*, où elle assembla les Etats de la *Basse-Navarre*, elle excepta de l'amnistie les chefs des révoltés qu'elle déféra à la justice, et fit même pendre trois de ceux qui s'étaient trouvés à la prise du château de Garris. Cette rigueur n'eut pas un heureux succès.

On protesta contre la convocation des Etats de la Basse-Navarre, dont on reprochait à la reine d'avoir écarté les principaux membres, et une nouvelle émigration fit prévoir des désordres ultérieurs.

De son côté, Jeanne d'Albret fit des armements contre la Basse-Navarre. Elle approvisionna Navarrenx dont son père avait fait déjà une place forte. Elle garnit de troupes les autres postes qui protégeaient la frontière de Béarn de ce côté, et elle poussa un petit corps d'armée jusqu'à Garris, que défendaient les seigneurs de *Luxe*, de *Moneins* et *Valentin de Domezain*....

Sur ces entrefaites, Charles IX avait chargé Lamothe-Fénélon, chevalier de son ordre, d'intervenir dans cette querelle, et grâces à la médiation de cet homme de bien, tout s'apaisa pour cette fois encore, au moyen d'une promesse réitérée à ces peuples, que leur reine ne porterait aucune atteinte chez eux à la religion catholique, dont l'exercice y resterait libre et même seul permis. *De Luxe, Domezain, d'Etchaux, d'Armendaritz* et autres chefs des révoltés, se rendirent à Pau et y reçurent leur pardon de la bouche de Jeanne d'Albret, qui, au dire d'Olhagaray, leur fit entendre ces paroles sévères : « Les mauvais sujets rebelles à leurs
« princes ne peuvent tenir qu'à tort le rang de
« nobles, mais plutôt de traîtres, contre les-
« quels, en la justice de Dieu, moins en celle
« des hommes, il n'y peut avoir grâce. Mais la
« très-haute Providence de Dieu ramenant tout

« à sa gloire et à son honneur, m'ayant conser-
« vée jusques à présent, pour admirer sa bonté,
« m'apprend (puisque vous m'assurez de votre
« repentence), d'user de clémence envers ceux
« qui, marris d'avoir mal fait, désirent, en bien
« faisant, effacer les traces d'une si détestable
« conjuration ; et, sur l'assurance de votre
« amendement, je vous quitte le passé, espé-
« rant à l'avenir que cette grande clémence
« dont j'use en votre endroit, me produira des
« fruits dignes de bons et fidèles sujets. Dieu le
« veuille ! »

L'historien de Foix ajoute qu'à peine *de Luxe* était rentré chez lui, qu'*il y reçut le collier de l'ordre du Roi*, « pour n'avoir jamais rien fait
« que soulevé le peuple Navarrois. Ce fut un
« coup donné mal à propos, qui fit gronder
« toute la noblesse de Gascogne, qui avait plus
« mérité que ce renard de montagne. »

L'édit de pacification publié à Longjumeau, le 2 mars 1568, mit fin à la seconde guerre de religion. Mais cette paix fut mal observée. A la veille de se voir enlever, avec son fils, par Losse qui commandait en Guienne pour le roi de France, Jeanne d'Albret s'évada de la Gascogne et se réfugia dans La Rochelle. Ce fut le signal d'une nouvelle prise d'armes et le commencement de la troisième guerre de religion. Les Navarrais s'agitèrent de nouveau et le comte de Gramont dut prendre de grandes mesures pour mettre les frontières du Béarn à l'abri de leurs entreprises. Les troupes catholiques de la *Basse-Navarre*, après avoir menacé *Osserain* et *Sauveterre*, tournèrent du côté de *Sordes* et firent mine de percer en Béarn, par *Lahontan*.

Mais l'expédition de Terride, dans ce même pays, vint bientôt compliquer cette situation. Sous le prétexte que Jeanne d'Albret et son fils se trouvaient comme captifs, dans La Rochelle, du parti de la Réforme, et *qu'il était urgent de défendre leurs possessions contre les entreprises que cette position pouvait occasionner*, Charles IX fit envahir le Béarn, en 1569. Tandis que Terride, envoyé à cet effet par le roi de France, prenait et fortifiait *Oloron*, tournait la ville de *Pau*, par le *Pont-Long* et se portait sur *Lescar*, *Valentin de Domezain*, le *vicomte d'Echaux, d'Armendaritz, Moneins* et plusieurs autres chefs navarrais se jetaient sur la ville de *Sauveterre*, qu'un château fort défendait, mais qui fut livrée aux catholiques, par le capitaine *Belloc*, à la première sommation. *Salies* ne tarda pas non plus à se rendre. La ville de *Bellocq* fut abandonnée par ses habitants, et les troupes basques n'y trouvèrent que cinq catholiques et un vieux religionnaire *qui fut aussitôt assommé que vu*. Olhagaray ajoute « qu'un capitaine *Artigole* eut,
« au même lieu, la tête tranchée de la main du
« capitaine *Melet*, qui fit l'office de bourreau et
« qui, sentant son appétit comme irrité par l'o-
« deur du carnage, s'assit et prit tranquillement
« son repas sur le lieu de cette exécution bar-
« bare. » (Poeydavant).

C'est dans ces tristes circonstances que les

Parlements de Toulouse et de Bordeaux renouvelèrent d'anciennes prétentions contre la souveraineté du Béarn. Les Etats de ce pays résistèrent, malgré la pression des troupes catholiques, et ils osèrent même demander *que l'on retranchât du ressort de ces Parlements les terres de la Soule, du Labourd et du Bigorre, pour les faire ressortir à l'avenir de la cour et du conseil souverain de Pau* (1). Mais ces prétentions respectives n'aboutirent point.

Terride tenait tout le Béarn, sauf la place de *Navarrenx*, devant laquelle il mit le siège. Aux assiégeants étaient venus se joindre le *vicomte d'Etchaux, d'Armendaritz, Aroue* et autres chefs, sous le commandement général des seigneurs *de Luxe* et *de Domezain*. Au dire de d'*Aubigné*, *ils avaient amené à ce siége 6,000 Basques, au moins, en quarante compagnies, sans ordre de régiment*.

Cette entreprise qui traîna en longueur, et dans laquelle Terride s'obstina, sur les conseils imprudents de *de Luxe*, donna le temps au

---

(1) « ... Ce que sans leur dommage et incommodité, dit,
« dans cette occasion, le syndic des Etats, vous pouvez faire,
« Sire, si ainsi vous plait, laissant le Parlement et cour sou-
« veraine comme elle est au dit pays de Béarn et en la ville
« de Pau, adjoutant à la dite cour la souveraineté de la jus-
« tice, tant des matières civiles que criminelles des pays de
« Soule, de la *Basse-Navarre*, de *Labourd*, d'*Armagnac* et
« de *Bigorre*, qui sont pays circonvoisins et limitrophes du
« dit pays de Béarn, par lequel moyen vos sujets habitants
« ésdits pays en seront de beaucoup soulagés........ »

comte de Montgommery, lieutenant pour Jeanne d'Albret, de délivrer le Béarn et de marcher au secours de la place assiégée. Terride leva ce siége, dirigeant son artillerie, partie sur *Orthez* et partie tant sur *Oloron* que sur *Mauléon*. Forcé dans Orthez, par Montgommery qui l'y avait poursuivi, il perdit sa conquête en moins de temps qu'il n'avait mis à l'opérer. Quant aux Basques de la Basse-Navarre, ils se réfugièrent, pour la plupart, dans la Haute-Navarre, auprès du duc de *Medina-Cœli*, qui en était le vice-roi et qui s'empressa de les accueillir avec une extrême bienveillance. — Quelques chanoines de Lescar obtinrent, de leur côté, un refuge dans le monastère de Roncevaux.

A son départ du Béarn, le comte de *Montgommery* avait laissé *Montalmat*, comme lieutenant-général de la reine de Navarre, conjointement avec le baron d'*Arros*. Ceux-ci envoyèrent des troupes *pour achever d'exterminer l'hérésie*, c'est-à-dire la religion catholique, *au delà de Sauveterre*. La Soule et la Basse-Navarre eurent alors à subir le fer et la flamme. Le plus grand nombre des églises furent pillées et brûlées; les massacres devinrent à l'ordre du jour. Le château de Mauléon, que la guerre avait respecté jusques-là, succomba bientôt. Toute l'artillerie que l'on y trouva fut enlevée de cette place et transportée à Navarrenx.

Le capitaine *Aramis*, qui venait de figurer parmi les défenseurs de *Navarrenx*, fut laissé dans le château de Mauléon, par les religionnaires. Mais le voisinage de Monluc et du maréchal Damville, qui manœuvraient, dans l'Armagnac, contre Montgommery, en marche sur la Garonne, rendit du cœur à *de Luxe* et aux siens. Ils descendirent des montagnes dont ils avaient cherché l'abri et ils vinrent mettre le siége devant Mauléon. Néanmoins, le capitaine *Aramis* leur opposa une telle résistance que le régiment du vicomte de Monclar, religionnaire, put accourir à son secours, avec quelques troupes du Béarn, et les cornettes de Montalmat et de Lons. *De Luxe* fut rejeté dans les montagnes ; mais dans ce conflit, le château et la ville de Mauléon devinrent la proie des flammes.

De Luxe, Andaux, Domezain et *d'Armendaritz* prirent une cruelle revanche sur *Saint-Jean-Pied-de-Port,* dont ils s'emparèrent et où ils commirent les plus grands excès, à ce point de forcer les partisans de la reine de Navarre à recourir, eux aussi, au duc de Medina-Cœli. « Voilà, s'écrie, à ce sujet, Olhagaray, où le dé- « sespoir nous amène ! Ceux-là donc débau- « chent leurs affaires qui pressent ainsi les per- « sonnes. Une contrainte et tyrannie cruelle ren- « dent enragés ceux qui se voyent suffoqués en « leurs libertés, et tourne le plus souvent au « dommage des poursuivants. » La supplique des habitants de *Saint-Jean-Pied-de-Port*, au vice-roi de Navarre, est du 25 octobre 1569. Ce seigneur leur fit *offrir, s'ils se vouloient retirer dans l'Espagne, toute courtoisie et toute huma-*

nité. Hâtons-nous d'ajouter, pour montrer le danger de ces guerres civiles, que, plus tard, la *Ligue* fit de son côté, à *Philippe II*, la proposition de lui céder la *Basse Navarre*. Au surplus, l'approche de Montalmat chassa de Saint-Jean-Pied-de-Port, *de Luxe*, *Andaux*, *Domezain* et *d'Armendarits*. — La troisième guerre de religion se termina par le traité de paix signé, le 8 août 1570, après le combat d'Arnay-le-Duc, et cette paix se termina, de son côté, par la Saint-Barthélemy.

Jeanne d'Albret étant morte, à Paris, le 8 juin 1572, quelque temps avant ces massacres, on doit dire à la louange de son fils, devenu ainsi roi de Navarre, du chef de sa mère, qu'il fit preuve d'une grande tolérance envers les catholiques de la Soule et de la Basse-Navarre. Et veuillez prendre garde que nous n'entendons point parler ici de l'époque où, prisonnier à la cour de France, après la Saint-Barthélemy et agissant en conséquence de son abjuration faite sous le poignard, il dut envoyer en Béarn, des ordres et un lieutenant que les religionnaires de ses Etats refusèrent de reconnaitre (1).

---

(1) La Saint-Barthélemy, qui remonte, comme on ne le sait que trop, au 24 août 1572, ouvrit la 4ᵉ guerre de religion, laquelle prit fin par la paix fort mal observée du 25 juin 1573. Les huguenots reprirent *officiellement* les armes, que de fait ils n'avaient point quittées, dans le mois de février 1574. Ce qui constitua la 5ᵉ guerre de religion, terminée le 6 mai 1576, par le traité de Chastenoy. La 6ᵉ guerre de reli-

Durant cette captivité, le synode de Pau fit rendre par *d'Arros*, qui s'était maintenu, depuis la mort de Jeanne d'Albret, dans le gouvernement du pays, une ordonnance portant injonction de procéder à la vente des biens ecclésiastiques. D'autres ordonnances retranchèrent du catalogue de la Réforme les fêtes qui concernaient surtout les Saints, appliquèrent à l'entretien des ministres de la nouvelle religion les intérêts des prix d'aliénation des biens de l'Église, et prescrivirent des mesures pour favoriser les progrès de la Réforme dans la Basse-Navarre et dans la Soule. Mais les sollicitations réitérées de ce même synode, auprès du baron d'Arros, dans le courant de l'année d'après, sont une preuve que jusques-là aucun de ces ordres n'avait prévalu, dans ces deux contrées, contre la foi catholique. Le synode demandait, en 1574, que l'on y fit exécuter, enfin, les édits de la feue reine et que l'on exigeât des jurats qu'ils contraignissent les peuples à se rendre aux prédications, catéchismes, baptèmes, etc. Néanmoins rien n'y fit, et l'évasion de *Henri*, roi de Navarre, qui survint, en février 1576, lui ayant rendu sa liberté d'action, la Soule et la Basse-Navarre se virent délivrées de ces persécutions

---

gion eut lieu de décembre 1576 à octobre 1577. La 7e, d'avril 1580 à novembre suivant ; la 8e, d'octobre 1583 à l'édit de Nantes, 1598. Il n'est pas inutile de rapprocher ces dates des faits qui nous restent à mentionner, au sujet de la Basse-Navarre et de la Soule.

par la tolérance dont ce prince, tout en reprenant l'exercice de la religion de sa mère, s'empressa d'user à l'égard des catholiques de ses Etats. Vers cette époque, Claude Regin, évêque d'Oloron, qui avait fui à Vendôme les rigueurs des calvinistes, pour lesquels les catholiques l'accusaient pourtant de manifester quelque penchant, se rapprocha de son siége, en venant résider à Mauléon où nous savons déjà que se tenait son chapitre. — *Henri* constitua sa sœur, *Catherine de Bourbon*, régente de ses Etats, en 1577. En janvier 1582, le seigneur de Saint-Géniés fut pourvu de la charge de son lieutenant-général.

Dans le courant de cette même année 1582, ce fut par la collation de *Charritte*, grand vicaire du diocèse d'Oloron, dans la *Soule*, où il n'avait pas discontinué de conférer des bénéfices, qu'*Arnaud Maytie*, fils de ce *Pierre Maytie*, dont nous avons vu, dans son temps, la ferveur catholique se manifester avec tant de violence contre l'évêque Roussel, fut pourvu de la prébende et chanoinie de Notre-Dame d'Oloron.

Ce calme, cette tolérance dont jouissaient les catholiques de la Soule, eurent néanmoins leurs intermittences. Le roi de Navarre payait à *Claude Regin* une pension annuelle, en remplacement du traitement qu'il recevait autrefois, comme chancelier de ce prince, et antérieurement de Marguerite de Valois. Le paiement lui en ayant été fait, en 1583, les protestants du Béarn s'en courroucèrent, et une bande furieuse fondit sur Mauléon, dans la nuit, brisa les portes de la maison qu'habitait ce prélat, envahit sa demeure, la dévasta et la pilla. Claude Regin, chassé de la vallée de la Soule, par ces excès qui ne furent point réprimés, se réfugia de nouveau à *Vendôme*. Aussi le triste prélat se disait-il quelquefois *episcopus dolorum*, au lieu d'*évêque d'Oloron*.

Ces désordres durent se renouveler à Mauléon, en 1585. C'est du moins ce que nous laisse pressentir une lettre chiffrée en partie du roi de Navarre à *Saint-Géniés, son lieutenant-général en ses royaume et pays souverains*, du 20 décembre même année : « Je trouve très-bon, y
« dit ce prince, que vous faictes et entretenez
« bon accord avec ceux de la terre de Labourt,
« le plus que vous pourrez..... et quant à
« l'exécution contre le sieur de Lux, je vous
« prie la faire et je désire que vous preniez le
« chasteau de Mauléon et que tous les méchants
« et séditieux ne soyent espargnez, soit qu'ils
« soyent prestres ou autres ; mais les paisibles,
« de quelque estat et qualité qu'ils soyent. Je
« suis d'advis et vous prie vous employer que
« Pau et Sauveterre soyent fortifiés ; je n'y voy
« aucun inconvénient.......... J'oubliais de
« vous dire que si on peut attraper le sieur *du*
« *Lux* et s'en deffaire, ce sera très-bien faict et
« je vous prie d'y travailler. »

Dupin, secrétaire de *Henri*, écrivit aussi en chiffres à Saint-Géniés :

« Le *Saumon* (c'était le nom de convention du

« roi de Navarre, vous a mandé que pour le
« regard *de Luxe*, il désirait que on s'en deflist
« et de tous les séditieux... »

« Cette lettre, cotée comme reçue au mois de décembre 1585, est tirée du même manuscrit des archives des *affaires étrangères* où se trouve la lettre du roi de Navarre. Celle-ci porte au dos : « Touchant M. de Luxe, le chasteau de « Mauléon et ceulx de Labourt ; » ce qui s'accorde parfaitement avec le déchiffrement de M. de Fréville. (Note de M. Berger de Xivrey, *Rec. des lettres, miss. de Henri IV*, t. 2, p. 157 à 459) (1).

---

(1) M. Berger de Xivrey ajoute que le sieur *de Lux*, que Dupin a écrit avec raison *de Luxe*, n'est autre que *Edme de Malain, baron de Luz*, fils de *Joachim de Malain, baron de Lux et de Marguerite d'Espinac*. Il fut conseiller d'État, capitaine de cinquante hommes d'armes des ordonnances et lieutenant de roi en Bourgogne. Henri IV, devenu roi de France, lui ayant pardonné, le baron *de Lux*, dont nos historiens ont fait *Luz*, fut nommé chevalier du Saint-Esprit, à la promotion du 5 janvier 1597. (*Tablettes historiques*, 3ᵉ part., p. 209). Ce seigneur s'étant vanté *de s'être trouvé à Blois avec le maréchal de Brissac, dans la chambre où le roi Henri III avait pris la résolution de faire tuer le duc de Guise, et d'avoir empêché que Brissac n'avertît le duc de ce mauvais dessein*, le chevalier de Guise arrêta le baron de Lux, le 5 janvier 1613, dans la rue Saint-Honoré, à Paris, lui fit mettre l'épée à la main et le tua, lorsqu'à peine *Edme de Malain* s'était mis en défense. Le fils de celui-ci fit remettre ce cartel au chevalier de Guise par *du Riol*, son second : « Monseigneur, vous devez être le plus fidèle témoin
« de ma juste douleur, pardonnez-moi donc, je vous en sup-
« plie très-humblement, si je vous demande par ce billet que

La mort de Henri III, survenue le 1er août 1589, appela le roi de Navarre au trône de France, sous le nom (qui l'ignore?) de Henri IV. Dès lors, les religionnaires, sages et prévoyants, ne purent se dissimuler la nécessité où allait se trouver ce prince de changer de religion. Plusieurs même lui en donnèrent le conseil, et à côté de Sully, dont on sait généralement quel fut l'avis sur cette question, nous citerons *Sponde*, né à Mauléon, et qui avait été conseiller-secrétaire de la reine de Navarre, Jeanne d'Albret. Il paraissait urgent à ce magistrat d'obvier aux maux qui pesaient non-seulement sur le Béarn, mais aussi sur la *Basse-Navarre*, où peu de temps après et le 8 août 1594, un parti de cinq à six cents hommes de cavalerie, venu du côté de la Gascogne à travers la Chalosse, et conduit par un capitaine li-

---

« je puisse me voir l'épée à la main avec vous pour tirer
« raison de la mort de mon père. La bonne opinion que j'ai
« de votre bravoure, me fait espérer que vous ne vous excu-
« serez pas sur votre qualité, de m'accorder une chose que
« l'honneur exige de vous. Ce gentilhomme vous conduira à
« l'endroit où je suis avec un bon cheval. J'ai deux épées,
« dont vous choisirez celle qu'il vous plaira. Si vous ne vou-
« lez pas y venir, j'irai partout où vous me commanderez. »
Guise, blessé à la première passe, blessa *de Lux* à la troisième et le jeta en bas de son cheval; puis, il courut au secours du chevalier de Grignan, son second, à qui *du Riol* avait déjà donné deux grands coups d'épée. Mais *du Riol*, voyant que son ami allait rendre l'âme, se retira du combat.

gueur du nom de *du Laur*, pilla Saint-Palais, saccagea l'hôtel de la Monnaie, en emporta les coins et machines, dont le baron de Lias et d'autres abusèrent, et tua ce même conseiller *Sponde*, parce que, l'ayant fait prisonnier avec *du Frexo*, conseiller, et d'autres officiers de justice, son grand âge l'empêchait de les suivre. *Olhagaray*, à qui nous devons ce récit, accuse le *sieur de la maison d'Elchebarne*, du lieu de *Susante*, près de Saint-Palais (Poeydavant a écrit *Sussaute*), d'avoir guidé ces brigands, malgré la trève publiée entre les deux partis. Il ajoute que le vicomte de Méharin, juge de Mixe, fut le promoteur de ces troubles, et qu'en haine des habitants de Saint-Palais, lesquels lui avaient refusé le paiement de quelque impôt, ce seigneur *fit la sourde oreille*, lorsque son lieutenant lui envoya un messager chargé de requérir son secours contre cette aggression. Mais pour mettre sa responsabilité à couvert, il rendit un jugement de condamnation contre les coupables, lorsque ces derniers se furent éloignés... Ils passèrent, à leur retour, par Lahontan, *où ils se logèrent en Bohêmes, sans ordre et sans prendre aucune précaution*, tant ils se sentaient protégés. Néanmoins ces ligueurs perdirent, durant leur retraite, quelques-uns des leurs, qui tombèrent dans les chemins, étouffés par la chaleur. A cette époque, Catherine de Bourbon venait de quitter le Béarn, qu'elle avait gouverné avec beaucoup de sagesse, et les ligueurs avaient saisi cette occasion pour attaquer aussi le Bigorre et pousser même des partis jusqu'à la vue de Pau. Ces malheurs, que l'abjuration du roi ne calma point complétement, décidèrent les habitants de ces contrées à imiter les communautés de la Gascogne, qui avaient formé une alliance pour courir sus aux brigands, sans distinction de parti ni de religion.

Claude Regin, évêque d'Oloron, mourut, l'année d'après, c'est-à-dire en 1593, à Vendôme. Son cœur, sur son expresse recommandation, fut porté dans la chapelle de Mauléon, où le chapitre du diocèse se trouvait réfugié, depuis longues années.

Nous avons laissé *Arnaud Maytie* pourvu, dès 1582, de la prébende et chanoinie de Notre-Dame d'Oloron. Plus tard, il obtint aussi la commanderie d'*Ordiarp*, dont le titre lui fut disputé par le prieur et les chanoines de Roncevaux. On sait déjà que la commanderie d'Ordiarp dépendait de ce monastère. « Mais ils ha-
« bitaient un royaume étranger à la Soule et les
« biens du prieuré (d'*Ordiarp*), distraits de la
« mense des religieux, étaient situés en *Soule*.
« Ce qui le prouve, c'est que les moines qui,
« dans la suite, obtinrent des lettres patentes du
« roi, qui leur accordaient main levée des biens
« à eux appartenants, furent déboutés, quant
« au reste, et que les arrêts vérifiés par le Par-
« lement de Bordeaux, auquel la Soule ressor-
« tissait, réservèrent expressément la comman-
« derie d'*Ordiarp*. » (Poeydavant). Quoi qu'il en

soit, *Arnaud Maytie* fut, d'abord après la mort de Claude Regin, élu par le chapitre, dans l'église de Saint-Jean de *Licharre-Mauléon*, vicaire-général du diocèse d'Oloron, pendant la vacance de ce siége. Bientôt, *Charles de Luxe*, gouverneur de la Soule, usant d'un brevet qu'il tenait de Henri IV, lui présenta *Maytie*, pour qu'il fût pourvu de l'évêché d'*Oloron*. On assure que celui-ci promit de résigner son évêché, après sa promotion, entre les mains du roi et au profit de telle personne qu'il plairait au seigneur *de Luxe* de désigner ; mais que le nouvel évêque d'Oloron protesta contre cette promesse qu'il rétracta ; qu'enfin, par traité passé avec *Louis de Montmorency*, seigneur de *Bouteville* et successeur de *Charles de Luxe*, comme ayant épousé sa fille et héritière, *Arnaud Maytie* conserva toute sa liberté et put employer tous ses soins à la restauration de la religion catholique dans son diocèse.

C'est à cette époque de 1595 que se reporte l'adjuration de *Henri de Sponde*, né à Mauléon, en 1568, et fils de cet ancien conseiller-secrétaire de Jeanne d'Albret, qui venait d'être massacré par les ligueurs, à Saint-Palais, en 1594. Henri de Sponde avait été nommé maître des requêtes du roi de Navarre, par ce prince, son parrain. Il devint évêque de Pamiers, en 1626, et mourut, en 1643 (1). Son frère, *Jean de*

---

(1) On a de *Henri de Sponde* : 1° *Les Cimetières sacrés*, Bordeaux, 1596, in-12 ; 2° *Annales ecclesiasticæ card.*

Sponde, né également à Mauléon, en 1557, fut successivement lieutenant-général en la sénéchaussée de La Rochelle et maître des requêtes. Il abandonna, en 1593, le calvinisme et mourut, en 1595 (2). Nous n'avons pu découvrir à quel fait se rapporte cette allusion d'*Olhagaray*, en parlant du meurtre de Sponde, « père de « celui qui, étant lieutenant de La Rochelle, « ayant changé de religion et précipité au gouf- « fre des vanités, après avoir reçu beaucoup de « bienfaits de son prince, mourut misérable- « ment à Bordeaux, pris à l'hameçon qu'il avait « préparé pour sa femme. »

Sur ces entrefaites, *Arnaud Maytie* n'avait pas discontinué ses soins, pour le rétablissement complet de l'exercice de la religion catholique, non dans la vallée de la Soule, car ici cet exer-

---

Baronii, in epitomen redacti, Paris, 1612, in-folio ; 3° *Annales sacri à mundi creatione ad ejusdem redemptionem*, ibid. 1637, in-folio ; 4° *Annalium Baronii continuatio, ab anno 1127, ad annum 1622*, ibid. 1639, 2 vol. in-folio. — On peut consulter l'éloge de Sponde, dans les *Hommes Illustres* de Perrault.

(2) On a de *Jean de Sponde* : 1° *Homeri poëmatum versio latina ac nota perpetuæ*. Bâle, 1583, in-folio ; 2° *Hesiodi opera et dies*, græc. lat., avec des *Commentaires*, La Rochelle, 1592, in-8° ; 3° un *Recueil des remontrances de Despeisses et de Pibrac*, ibid., 1592, in-12 ; 4° des *Notes marginales sur la logique d'Aristote*, Francfort, 1591, in-8° ; 5° des *poésies*.... ; 6° *Déclaration des principaux motifs qui induisent le sieur de Sponde à s'unir à l'Eglise catholique*, Melun, 1594, in-8° ; 7° *Réponse au traité de Théodore de Beze*, Bordeaux, 1595, in-8°.

cice s'y était conservé, grâces à la ferveur persistante des Basques, mais bien dans la ville d'Oloron et dans la partie du Béarn qui dépendait de son diocèse. Ce prélat fit jusqu'à dix-sept voyages à la cour de France dans ce but, et cette restauration se manifesta enfin par le rétablissement dans sa ville épiscopale du chapitre et des chanoines jusques-là réfugiés à Mauléon. *Maytie* aurait voulu remplacer ce chapitre, à Mauléon, par un collége, dont des lettres patentes du roi avaient même autorisé l'établissement. Mais ce projet ne reçut pas d'exécution.

Pourquoi faut-il qu'à une époque où l'édit de Nantes, publié depuis plusieurs années, s'exécutait partout le royaume, nous ayons à enregistrer un dernier reflet des troubles religieux? *Arnaud Maytie* venait de partir pour Paris ; des scélérats en embuscade, entre Mauléon et Sauveterre, fondirent sur lui, armés de glaives et de poignards. Mais on accourut à son secours, et il fut heureusement arraché de leurs mains. D'après M. de Monlezun (t. 3, p. 476), la mort de *Maytie* aurait été résolue, parce qu'il avait forcé le gouverneur de la *Soule* à restituer à son usage primitif, un hôpital dont ce dernier s'était emparé ; un soldat aurait attiré ce prélat dans un guet-apens et l'aurait frappé de dix-sept ou dix-huit coups, dont l'évêque d'Oloron guérit et ne garda même aucune infirmité. Ce dernier fait doit-il se confondre avec le précédent que nous avons emprunté à Poeydavant ? Celui-ci ne parle cependant d'aucune blessure. M. de Monlezun affirme, en outre, que l'on essaya également d'attenter à la vie de ce prélat par le poison ; mais qu'il fut averti à temps et qu'il déjoua ce crime. (1)

6. L'avènement de Henri IV au trône de France aurait dû entraîner de plein droit la réunion de tous ses États au domaine de cette couronne. Mais ce prince, en considération de sa sœur, Catherine, comme aussi dans l'intérêt de ses créanciers qui s'étaient multipliés, dans le cours de toutes ses guerres, voulut, par lettres du 13 avril 1590, *que son domaine ancien, tant en son royaume de Navarre, souverainetés de Béarn et de Domezan, pays bas de Flandres, que ses duchés, comtés, vicomtés, terres et seigneuries enclavées dans le royaume, fut et demeurât désuni, distrait et séparé de celui de la maison et couronne de France.*

Le parlement de Paris refusant d'enregistrer ces lettres, Henri IV en rendit d'autres en forme de jussion, les 28 avril et 29 mai 1591, ce qui n'empêcha point cette compagnie de rendre, le 29 juillet, même année, un arrêt de refus sur les

---

(1) C'est à *Arnaud Maytie* que l'on doit la construction de l'hôtel *d'Andurain*, à *Mauléon*, monument qui mérite d'être visité. Voici, du reste, quels furent les prélats qui succédèrent à cet évêque d'Oloron, sur le même siége : autre *Arnaud Maytie, Louis de Bassompierre, Pierre de Gassion, Jean de Miossens, François de Maytie, Charles de Salette, Simon de Magny, Joseph de Revol, Montillet, autre Revol.*

conclusions courageuses et conformes du procureur général. D'autres parlements se montrèrent plus dociles. Mais la sœur du roi étant morte, et ce prince ayant obtenu des enfants de sa seconde femme, Marie de Médicis, il se décida à *déclarer*, par un édit du mois de juillet 1607, *les duchés, comtés, vicomtés, baronnies et seigneuries mouvantes de sa couronne, ou des parts et portions de son domaine, tellement accrues et réunies à icelui, que dès son avènement à la couronne de France, elles étaient devenues de même nature.... les droits néanmoins de ses créanciers demeurant en leur entier.*

Cet édit fut différemment interprété. Le président *Hénaut*, notamment, y a vu la réunion de la Navarre et des autres états patrimoniaux de ce prince à la couronne de France. Mais telle n'avait pas été la pensée de Henri IV, basée sur l'avis du magistrat *de Belloy*, dont la *Dissertation* à ce sujet (rapportée par l'historien des comtes de Foix...), contient cette restriction :

« Ceux de Béarn semblent avoir prescrite leur
« liberté, et l'on peut reprocher aux Français,
« ce que *Jephté*, juge des *Israélites*, opposait
« au Roy des *Ammonites*, qui voulait répéter sa
« terre, sur les enfants de Jacob, qui l'avaient
« conquise par les armes, et leur avait été pro-
« mise et donnée de Dieu, par la volonté duquel
« il l'avait possédée par trois cents ans : *Pour-
« quoi par si longtemps n'avez-vous point avisé de
« faire telle demande ?* »

Ce fut aussi l'avis de *Calignon*, chancelier de

Navarre, que l'on dit rédacteur de l'édit de Nantes.

Ainsi la Navarre et le Béarn, y comprise la Soule, « demeurèrent dans leur indépendance: « elles eurent un gouvernement séparé de l'ad- « ministration française. Un conseil d'Etat pro- « pre à la Navarre et au Béarn, était fixé à « Pau. Un secrétaire d'Etat servait auprès du « gouverneur ; un autre était fixé près du roi ; « son titre était : *secrétaire d'Etat de Navarre et* « *de Béarn.* Ses provisions avaient été regis- « trées à la chambre des comptes de Pau. *Limi-* « *nie* remplissait cette place : c'est lui que *Henri* « nommait l'*honnête gentilhomme.* » (Faget de Baure). — Quant à l'administration de la justice, celle de la *Basse-Navarre* resta dans les mains du conseil souverain de Saint-Palais, et celle de la *Soule,* dans le ressort du Parlement de Bordeaux.

Mais, durant les troubles religieux qui se ravivèrent, en Béarn, sous le règne de Louis XIII, le clergé de ce pays demanda *qu'en vertu de la déclaration du feu roi, de l'an 1607, Sa Majesté actuellement régnante, déclarât le royaume de Navarre et la principauté de Béarn inséparablement unis à la couronne de France.*

Les protestants combattirent cette proposition, dont on fit ainsi une affaire de parti. On écrivit pour et contre, et parmi les opposants à cette réunion, *Pierre Lescun,* conseiller au conseil souverain de Pau, se fit remarquer par ces talents et cette passion, qui le conduisirent, plus tard, sur l'échafaud.

Enfin, Louis XIII étant venu en Béarn, prononça la réunion, objet de cette vive controverse, par un édit du mois d'octobre 1620. Il unit la chancellerie de Saint-Palais au conseil souverain de Béarn et les érigea en *Parlement* qu'il surnomma de *Navarre*, séant à Pau. Il commua les charges des deux procureurs généraux du conseil de Béarn, en charges de conseillers au Parlement, et celle d'avocat général en la chancellerie de Saint-Palais, en celle de procureur général au Parlement de Navarre. L'avocat général au conseil de Béarn demeura avocat général au nouveau Parlement. — La *Soule*, distraite du ressort du Parlement de Bordeaux, non sans opposition de la part de cette compagnie, devint justiciable du Parlement de Pau. — Quant à l'hôtel des monnaies établi à Saint-Palais et qui devait provenir d'un démembrement de celui de Pampelune, la réunion à l'hôtel des monnaies de Pau en fut ordonnée en 1772 seulement.

Mais l'édit de 1620 ne priva ni la Basse-Navarre, ni la vallée de la Soule, de leurs Etats particuliers, ces gardiens de leur antique liberté. (Voir au sujet des *priviléges du peuple basque*, *Souvenirs de Saint-Jean-de-Luz*, liv. II, ch. II). Nous savons déjà que ceux de la *Basse-Navarre* s'assemblaient à Saint-Palais. Ceux de la *Soule* se tenaient à Licharre, ainsi que les officiers de justice, dont le tribunal ressortissait, depuis

Louis XIII, du Parlement de Pau. La mission de ces Etats était de fixer la contribution du pays dans les charges de l'Etat, de défendre leurs franchises et d'éclairer le gouvernement sur toutes les questions d'administration et d'utilité publique. Les Etats de la Soule et de la Basse-Navarre se montrèrent fidèles à ces devoirs jusqu'à la Révolution française. A cette époque on sait que le pays Basque fut distribué dans les deux arrondissements de Bayonne (ou *Ustaritz*) et de Mauléon. Le Labourd fournit à l'arrondissement de Bayonne environ 60,000 Basques, auxquels il en faut ajouter environ 6,000 empruntés à la *Basse-Navarre*. Les 30,000 Basques de la *Soule*, et les 39,000 restants de la *Basse-Navarre*, forment la population de l'arrondissement de Mauléon. Total 135,000.

La population de tout le département des Basses-Pyrénées est d'environ 436,000 âmes.

Nous avons donné, dans nos *Souvenirs de Saint-Jean-de-Luz*, liv. Ier, ch. III, le résumé des événements militaires qui eurent lieu au commencement de notre Révolution, c'est-à-dire de 1793 à 1795, dans le *Labourd* et la *Basse-Navarre*. La vallée de la *Soule* n'eut pas à souffrir de cette guerre. On trouvera, au même livre, chap. IV, les divers combats dont la *Basse-Navarre* et le *Labourd* furent le théâtre, en 1813, jusqu'à la bataille de *Saint-Pierre d'Irube*.

A l'issue de cette dernière bataille, l'armée anglaise avait sa gauche à *Bidart*, et sa droite à *Urcuray*, occupant ainsi tout le pays qui s'étend depuis la mer jusqu'à la grande route de Saint-Jean-Pied-de-Port, ou plutôt jusqu'à l'Adour. *Soult* tenait sa droite dans le camp retranché de Bayonne, son centre, sur la rive droite de l'Adour, depuis Bayonne jusqu'au port de Lannes, et sa gauche, sur la rive droite de la Bidouze, depuis son confluent dans l'Adour jusqu'à Saint-Palais. — Le général *Harispe*, chargé d'organiser la levée des Basques, ses compatriotes, se trouvait vers Saint-Jean-Pied-de-Port, avec une faible division de conscrits.

Malgré la résistance de l'ennemi, le général Clausel, qui commandait l'aile gauche de l'armée française, réussit, dans les journées du 3 au 6 janvier 1814, à étendre la division Taupin du pont de Bardos à *Labastide-Clairence*, et à faire même occuper le plateau d'*Ayherre* par la division *Darricau*, et le village de *Helette*, par les brigades *Daulure* et *Paris*. De son côté, *Harispe* put confiner *Mina* dans la vallée de *Bastan*.

Mais l'Empereur ayant retiré au duc de Dalmatie le tiers de son monde, ce qui réduisit cette armée à 40,000 hommes, tandis que Wellington recevait d'Angleterre 6,000 hommes de pied et faisait venir sa grosse cavalerie laissée jusques-là sur l'Ebre, les Français durent se tenir dans la plus stricte défensive.

Le 14 février 1814, le général anglais *Hill* se porta sur *Helette*, et *Mina* sur *Baïgorry* et *Bidarray*. Trop faible pour résister dans *Helette*, Harispe opéra sa retraite par *Saint-Martin-d'Arbe-*

roue sur *Garris*, et comme la division espagnole de Morillo, du corps de *Mina*, faisait mine de tourner *Harispe*, par *Saint-Palais*, le général *Paris* s'empressa de regagner les bords de la *Bidouze* et du *Saison*, pour en assurer le passage. Bien que sans artillerie et n'ayant que des conscrits sous ses ordres, Harispe ne se décida néanmoins à passer la *Bidouze* qu'après avoir soutenu un combat fort vif, puis ce général se rallia, derrière le Saison, au général Paris. Sur ces entrefaites, le centre de l'armée anglo-portugaise s'étant porté sur la *Joyeuse*, qui coule de *Labastide-Clairence* vers *Urt*, où elle prend le nom de l'*Aran*, Clausel, qui avait ordre d'éviter tout engagement, retira ses avant-postes, et repassant la Bidouze, ainsi que le Saison, se vit ainsi rejeté de sa première ligne sur les gaves de Mauléon et d'Oloron. La division Vilatte, campée à Sauveterre, mais ayant ses avant-postes sur la rive droite du Saison, se donnait ainsi la main, à gauche, avec la division *Harispe*, et, à droite, avec la division *Taupin*, laquelle touchait à la division *Foy*, du corps de *d'Erlon*, centre de l'armée. Mais, le 23 février, *Béresford* chassa les Français d'*Hastingues* et d'*OEyre-Gave*, et les repoussa jusques dans la tête de pont de Peyrehorade. Le lendemain, *Clausel* ayant cédé aussi Sauveterre au général *Hill*, *Soult* prit position à Orthez, où il accepta la bataille, le 27 février 1814. Sa retraite sur Toulouse délivra dès lors le pays Basque du voisinage de ces deux armées.

VII.

1. Montory et Aramitz. 2. Vallée de Barétons.

1. La route d'*Oloron*, après avoir traversé *Tardets*, longe la base d'une montagne qui domine et menace de ses avalanches cette bourgade. Mais au bout d'un kilomètre, nous laissâmes le chemin de Sainte-Engrâce et de Larrau remonter les rives du *Saison* et nous nous engageâmes dans un vallon oriental, jusqu'à *Montory*.

Montory est, de ce côté, le dernier village de la *Soule* comme le premier village du *Béarn*; et, si le petit gave qui l'arrose s'épanche dans le *Saison*, si jusques-là se conservent le type et les mœurs basques, on y parle néanmoins la langue de Despourrins, nous voulons dire le roman béarnais.

C'est, du reste, un site des plus sévères, les pics *Harguibel* et *Iriday*, qui se montrent au sud-est, y préparant le regard aux masses imposantes des Hautes-Pyrénées. Aussi ne faut-il pas s'étonner qu'effrayée en quelque sorte de l'aspect de ces colosses granitiques, la route s'en détourne brusquement et se jette sur la gauche, où un port intérieur, qui sépare *Montory* du Val de Bartanés, l'une des branches de la vallée de Barétous, lui permet de descendre, non sans grâce, au hameau de Lanne. Les deux gaves connus sous les noms de *Vert de Bartanés* et de *Vert d'Arette*, se réunissent en aval d'*Aramitz*, qui fut autrefois le siége d'une abbaye, ainsi que des Etats de toute cette vallée. Aujourd'hui, c'est un chef-lieu de canton de l'arrondissement d'*Oloron*.

2. Au delà d'*Aramitz*, le voyageur se trouve d'un seul bond dans une belle plaine qu'arrosent les deux *Verts* réunis en un seul gave et que bordent de simples collines en parfaite culture. On se croirait loin des Pyrénées, si par dessus les coteaux qui se prolongent à droite, l'œil n'apercevait pas le pic d'*Anie*, le plus superbe des monts qui séparent l'Aragon du Béarn, ainsi que les autres montagnes qui se groupent autour de lui. Plus on s'approche d'Oloron, plus ces collines semblent s'humilier, à ce point que longtemps avant d'atteindre cette ville, la route finit par s'enfoncer dans une riche plaine, à laquelle on ne trouve qu'un défaut (car on en reproche à toutes les beautés de ce bas monde), c'est son immensité, dont aucun accident de terrain ne coupe la monotonie. Ce vaste carrefour reçoit les gaves des trois vallées de Barétous, d'Aspe et d'Ossau, pour devenir ensuite, en aval d'Oloron, la magnifique vallée de Sauveterre.

Nous ne quitterons pas la vallée de *Barétous* sans rappeler ses anciens rapports avec la vallée de *Roncal*, qui lui correspond du côté de l'Espagne (1).

---

(1) En abordant le Béarn qui nous a inspiré d'autres écrits, il nous arrivera de reproduire quelques pages de livres au-

Le 13 du mois de juin, annuellement, il y avait, au dire de Marca, une assemblée des jurats respectifs de ces deux vallées, en un lieu nommé *Arnace*, où se voyait une pierre haute de trois mètres, et servant de borne aux deux royaumes. Chaque troupe se tenant sur son territoire, les *Roncalais* demandaient aux jurats de Barétous s'ils consentaient à renouveler la paix jurée entr'eux, tous les ans, selon l'usage. Alors les Béarnais couchaient leurs piques tout le long des limites; les *Roncalais* y plaçaient les leurs, par dessus, le fer tourné du côté du Béarn et, sur cette croix ainsi figurée, les jurats des deux pays répétaient à genoux et à cinq reprises différentes, devant un notaire qui en *retenait instrument*: « *Paz abant!* c'est-à-dire: *Paix désormais!* » Après quoi, les deux troupes se mêlaient, comme font de bons amis et voisins.

Ce n'est pas tout, et voici ce qui nous semble le plus difficile à expliquer. Il sortait d'un bois voisin, bientôt après, trente hommes de la vallée de Barétous, divisés en trois bandes dont chacune conduisait une vache sans tare; et ces trois animaux devaient être, en outre, du même âge, du même poil, de mêmes marques. Chaque vache étant menée ainsi sur la limite, les Ron-

---

jourd'hui oubliés; y renvoyer, au contraire, nos lecteurs, aurait ressemblé à une réclame, et nous avons préféré d'encourir le reproche, que l'on adresse, du reste, à tous les vieillards, celui de tomber dans des redites.

calais la visitaient, avant de l'agréer et la retiraient avec soin, après l'avoir agréée, car la bête qui parvenait à leur échapper, et à rentrer en France, ne pouvait plus être réclamée.

La vanité espagnole dont *Garibai* s'est fait l'interprète, voyait dans cette dernière cérémonie un signe de vasselage en faveur des Roncalais. « Les hidalgues de la vallée de Roncal,
« dit-il, sont si recommandables en leurs ex-
« ploits de guerre, qu'ils ont toujours gagné de
« l'honneur avec leurs ennemis, et pour cela ont
« obtenu des priviléges et des exemptions plus
« grandes que les autres Navarrais, et *lèvent*
« *encore aujourd'hui un tribut annuel sur les*
« *Français.* »

Mais les habitants de la vallée de Barétous, répondant à cette jactance, prétendaient que les Roncalais ayant voulu jadis piller quelques villages en deçà des limites, les Béarnais les poursuivirent et *les tuèrent;* après quoi, les deux partis conclurent un traité de paix; et que, pour la réparation civile du meurtre, la vallée de Barétous dut livrer annuellement trois vaches aux Roncalais, ces vaches étant estimées, à cette époque, chacune dix sols morlans, ou trente sols les trois, ce qui correspondait à l'intérêt annuel des 300 sols morlans de l'amende coutumière.

Marca ajoute même que, de son temps, le lieu où périrent ceux de Roncal, se reconnaissait facilement à un monceau de pierres, les passants ayant accoutumé d'y jeter, chacun, la sienne, avec force termes de mépris contre les Roncalais, à l'exemple de ce que pratiquaient les juifs, voire même les païens après eux, qui jetaient des pierres sur les tombeaux des personnes déclarées infâmes pour cause de maléfices. Notre historien affirme, enfin, que tous ces faits furent éclaircis, en 1360, dans un procès plaidé devant le roi de Navarre et le vicomte de Béarn. — Mais si *Garibai* était Espagnol, *Marca* était Gascon, et sur une telle difficulté, où l'orgueil national dut, de chaque côté, jouer un rôle, abstenons-nous, c'est le plus sûr.

Nous avons vu *Oihenart* vanter les truites du *Saison*. Marca donne la préférence aux truites du *Vert*.

VIII.

1. Oloron sous les Romains, sous les Goths et sous les Francs. 2. Oloron sous les vicomtes de Béarn, les comtes de Foix et les rois de Navarre. 3. Troubles et guerres de religion.

1. Si, comme il n'est pas permis d'en douter, *Oloron* est l'ancienne *Iluro* de l'itinéraire d'Antonin, ceci dérange un peu l'étymologie qui fait venir *Oloron* de *Laïron*, voleur, parce que les premiers habitants de cette ville auraient été des malfaiteurs de *Campfranc*, en Espagne.

Bâtie, d'abord, sur le promontoire qui s'élève en amont du confluent des gaves d'*Aspe* et d'*Ossau*, *Oloron* s'étendit par la suite jusqu'au niveau des rives de ces deux torrents et jeta même la ville de Sainte-Marie, au delà du gave d'Aspe, ainsi qu'un beau faubourg, ou troisième ville, au delà du gave d'Ossau. On compte, de nos jours, 5,869 habitants dans Oloron, et 3,735 dans Sainte-Marie; en tout, 9,604.

Les cités gallo-romaines, on le sait, devinrent pour la plupart, depuis l'établissement de la religion chrétienne, le siège d'un évêché. Mais il en est qui se dédoublèrent et c'est ce qui fit, par exemple, qu'au lieu des *neuf peuples*, qui valurent à l'*Aquitaine* de Jules César le nom de *Novempopulanie*, cette province se trouva bientôt en renfermer douze. Du nombre de ces cités subdivisées, fut celle de *Benearnum*, où nous voyons, au VIe siècle, les deux évêchés d'*Oloron* et de *Lescar* ou *Béarn*.

Dès les Romains, *Oloron* eut une communication directe avec l'Espagne, à travers la vallée d'*Aspe*. (Voir le ch. 3, n° 1, du présent voyage).

Le premier évêque de cette ville, du moins connu, est *Gratus*, qui figura sous ce titre, au synode d'Agde, l'an 506 de J.-C. A cette époque, *Oloron* était passée des mains de Rome en celles des Goths. Bientôt elle fut occupée par les Francs, sous lesquels elle devint la proie des Vascons. Ce fut, par suite, l'une des cités qui formèrent *la Vasconie citérieure* ou *Comté de Gascogne*. — Dans l'origine, les seigneurs du pays prirent le titre de vicomtes d'*Oloron* et de *Béarn* ; ils eurent un château à *Oloron*, et le quartier qu'il occupait, se nommait *le Viscomtal*.

Abdérame, dans sa marche sur Tours, prit *Oloron* et la saccagea. Les Normands la détruisirent de fond en comble, et c'est Centulle IV, vicomte de Béarn, qui la fit reconstruire, en 1080. Depuis les ravages des Normands, les évêques d'*Oloron* s'étaient réfugiés au bourg de Sainte-Marie, sur la rive gauche du gave d'Aspe. De là, cette fable d'un prélat de cette ville, qui pour se venger d'un soufflet par lui reçu de la main d'un habitant d'*Oloron*, aurait déplacé, de cette sorte, le siége de son évêché.

2. *Centulle IV* fit relever l'enceinte murée de la ville détruite par les Normands, construire, avec le pont du gave, la grande tour située au regard de l'Espagne, ainsi que l'église de Sainte-Croix et réparer le manoir seigneurial. On reporte à cette époque de l'an 1080, la fondation de la *Tour de Grède*, au même lieu, par *Galindo Sans d'Alères*, seigneur d'*Agreda* et beau-frère de Gaston, fils de Centulle. M. *Mazure* (*Histoire du Béarn*) a pensé que l'église de Sainte-Marie fut bâtie aussi par Centulle, vers l'an 1080. Marca la croyait plus ancienne. Au reste, le style de ce beau monument, dont le portail est roman et la nef gothique, ne permet pas de lui assigner une fondation beaucoup plus reculée.

Pour attirer des habitants dans l'enceinte d'*Oloron*, le vicomte de Béarn offrit de grands priviléges à ceux qui viendraient s'y établir, en faisant garantir cette promesse par le serment de deux cents notables, dont cent de la vallée d'*Aspe* et cent de la vallée d'*Ossau*. C'est ainsi qu'il réussit à repeupler une place, qui tout en protégeant le commerce des Béarnais avec les Maures, servait de boulevard à la principauté de Béarn ; et comme ce furent sept hommes du bourg de Campfranc, qui, les premiers, s'y établirent, ne serait-ce pas à cette particularité que l'on devrait l'étymologie de *Laïron*, dont on aurait fait *Oloron* ?

Lors de la croisade contre les Albigeois, dans le parti desquels Gaston de Béarn fut impliqué, ce prince n'obtint son absolution qu'au prix de la seigneurie de la ville de Sainte-Marie et du lieu de *Cairon*, qu'il fut obligé de céder à l'évêque et au chapitre. Divers documents accordent également à ces derniers la seigneurie de *Monmour*, où le *Vert* se jette dans le gave d'Oloron. Ils possédaient aussi la dîme de Sauveterre. D'autre part, la ville de Sainte-Marie et la vallée de Barétous avaient contracté un paréage au sujet de certains droits et facultés de nature féodale.

Dans ce même XIIIe siècle, la ville d'*Oloron* devint le rendez-vous des deux cours d'Angleterre et d'Aragon. Dans quel but ?... Nous allons vous le dire.

Charles d'Anjou, frère de Saint Louis, ayant été chassé du trône de Sicile, à la suite du massacre connu sous le nom de *Vêpres siciliennes*, et *D. Pedre*, roi d'Aragon, couronné, dans Palerme, à sa place, le 2 septembre 1282, ces deux princes se défièrent et firent choix de la ville de Bordeaux pour y vider leur différend par les armes. Mais Charles d'Anjou parut seul dans la lice préparée pour ce combat, le jour qu'ils s'étaient assigné réciproquement.

Cependant *Charles d'Anjou* avait laissé à Naples son fils, *Charles-le-Boiteux*, que le célèbre *Doria* (ou *Lauria*), amiral de D. Pedre, vainquit et fit prisonnier.

C'est pour traiter de la rançon de ce prince de Salerne, que les rois d'Angleterre et d'Aragon se réunirent dans *Oloron.* Par accord du mois de mai 1287, cette rançon fut fixée à cent mille marcs d'argent. C'est également dans le cours de ces entrevues que l'on arrêta le mariage de la princesse *Éléonore* d'Angleterre, avec Alphonse d'*Aragon*.

Au chapitre VI de notre voyage, nous avons rappelé comment la maison de Foix, devenue maîtresse du Béarn, acquit la Navarre et comment la maison d'Albret, héritière de la maison de Foix, perdit la Haute-Navarre et ne conserva que la partie de ce royaume située en deçà des monts. Nos lecteurs n'ont pas oublié non plus que lors de l'invasion que tentèrent les Espagnols contre le Béarn, en 1522, la ville d'*Oloron* leur résista et les repoussa, grâces au gouverneur *Loubie*, qui y commandait pour Henri d'Albret.

Si ce prince ne put recouvrer la Haute-Navarre, personne n'ignore avec quelle sagesse il gouverna les Etats qui lui restaient. La ville d'Oloron lui dut en particulier le redoublement de son commerce avec l'Espagne (1). Mais les troubles religieux ne tardèrent pas à porter à cette prospérité, des coups dont le Béarn fut longtemps à se relever.

3. Dans la notice historique sur la vallée de la *Soule* et la *Basse-Navarre*, nous avons déjà fait mention des souffrances de l'église d'Oloron, durant le règne de Jeanne d'Albret. Nos lecteurs nous permettront, en conséquence, de

---

(1) Parmi les tarifs de péage, que ce prince obtint des trois États de Béarn, Marsan et Gavardan, assemblés à Pau, en février 1533, nous citons ici comme tableau du commerce de cette époque, le tarif de la ville d'*Oloron* :

« Per chacune cargue de saffran qui passara per lour peadgin, le paguara cinq escuts, condans nau sos morlans per escut, sino qu'autrement lo marchand s'en acorde ab lo peadger.

« Per cargue sarrade, com es telle-augaixe, mercerie, per chascune, sieys sols morlans.

« Per cargue de pastel, un sol morlàa.

« Per cargue de pieutis, un sol morlàa.

« Per cargue de flacutes, un sol morlàa.

« Per cargue de congre, tres sols morlàas.

« Per cargue de saumon ou coulac, un sol morlàa.

« Per cargue de marlus, un sol morlàa.

« Per cargue de chardines, harencs ou angelles, un sol morlàa.

« Per cargue de sabatons, un sol morlàa.

« Per cargue de couers peluts ou tanats, un sol morlàa.

« Per cargue d'oly, un sol morlàa.

« Per cargue de sacadges per beyres, un sol morlàa.

« Per cargue de cere, sieys sols morlàas.

« Per cargue de seu de mouton, un sol morlàa.

« Per cargue de drap de lin, sieys sols morlàas.

« Per cargue de drap d'estoupe, tres sols morlàas.

les renvoyer, pour cette époque, à ce chapitre. Seulement, nous parlerons ici de ce qui se passa à Oloron, lorsque le baron de Terride fut chargé par Charles IX d'occuper le Béarn. Les catholiques guidés par les deux *Esquarrabaque*, père et fils, s'étant emparés de cette ville, le baron d'*Arros* tenta de la remettre sous les ordres de la reine de Navarre. Le sort des armes

---

« Per cargue d'estaing oubrat, sieys sols morlàas.

« Per cargue de plumes, un sol morlàa.

« Per cargue de pegunte, sieys sols morlàas.

« Per cargue de coton, sieys sols morlàas.

« Per cargue de cordami, un sol morlàa.

« Per cargue de lana grosse, quoate diners morlàas.

« Per cargue de lana fina, un sol morlàa.

« Per cargue de cambe, un sol morlàa.

« Per cap de coursier, genet, mulet, qui sian de prets, et se menaran per vender, sieys sols morlàas.

« Per cap de pourii, eguoa ou baque, quoate diners morlàas.

« Per cap de porc, aouilhe ou mouton, un diner morlàa.

« Per cargue de frodmage, un diner morlàa.

« Per cargue de porc ou trouye salat, un sol morlàa.

« Per chascun feix portat sus lo cot, un diner morlàa.

« Per cargue de sucre, un sol morlàas.

« Per cargue d'alum ou salpetre, un sol morlàa.

« Per cargue de toute cede, flouche ou torte, sieys sols morlàas.

« Per cargue d'iranges, quoate diners morlàas.

« Per cargue de mieugrane ou limòos, quoate diners morlàas.

« Per chascun austou, faucon, sacre ou lanier, fens esparher biu ou mourt per cas fourtuit sens lo païs, susque se pouyra exigir jurament, per lo peadger, sieys sols morlàas.

fit même tomber dans ses mains *Esquarrabaque* père, ce qui fournit au lieutenant de *Jeanne d'Albret*, l'occasion de menacer *Esquarrabaque* fils de mettre à mort son prisonnier si les clefs d'Oloron ne lui étaient point remises. Mais *Esquarrabaque* fils ne répondit à cette sommation qu'à coups d'arquebuses. Néanmoins, d'*Arros* se garda bien d'exécuter sa menace et, se voyant forcé à la retraite, il remit *Esquarra-*

« Per cargue de paper blanc, un sol morláa.

« Per cargue d'esquires ou esquiróos, un sol morláas.

« Per cargue de couyre, un sol morláa.

« Per cargue de plom ou estaing, sino es oubrat, un sol morláa.

« Per chascune liure de saffran qui se portara en paquet, sino s'en accorde ab lo peadger, sieys diners morláas.

« Per cargue d'astes, de lances, un sol morláa.

« Per cargue de peyres de dailhe, un sol morláa.

« Per cargue de peleterie d'Aragon, blanques ou negres, un sol morláa.

« Per cargue de pebre, gingibre, canelle ou clau de girofle, un sol morláa.

« Per cargue de draps fiis, blanquets ou cordeilhat, sieys sols morláas.

« Per cargue de marroquins d'Aragon, sieys sols morláas.

« Per cargue de fer ou asser, quoate diners morláas.

« Per cargue de pets de conilhs, renards et lebes, tres sols morláas.

« Per timbre de martres, subellines, vingt-cinq sols morláas.

« Per timbre de martres de pays, doutze sols morláas.

« Per pece de loups serviers, un sol morláa.

« Per pece de genete, sieys diners morláas.

« Per pece de louyres ou gats saubadges, un diner morláa.

« Et generalement de chascunes autres cargues de marchan-

baque père en liberté. Bientôt, d'ailleurs, survint le comte de Montgommery, qui fit rentrer *Oloron*, avec tout le Béarn, sous l'autorité de *Jeanne d'Albret*. — Ultérieurement, l'histoire se tait sur cette ville....

Si vous venez à passer par *Oloron*, ne manquez pas de gravir la rampe qui remonte à Sainte-Croix. Avant d'atteindre cette église,

---

dises, qui no son assy davant especificades se paguara un sol morlaa.

« Per liste de pommes, peres, oueus, petit peix, hortalis-sies, no se paguara res. »

On peut, au surplus, prendre connaissance de tous ces tarifs, dans la *Compilation d'aucuns priviledges et réglamens deu pays de Béarn*, publié à *Orthez*, par Rouyer, *imprimeur du roy et des Estats généraux du pays de Béarn*, en 1676. On y trouvera bien d'autres objets du commerce de cette époque, tels que *chapeaux d'Espagne, draps de cappes, contray d'Espagne, draps pardilhons d'Espagne, draps de Languedoc, drap d'or, écarlate, toiles de Laval, de Rouen, de Bretagne, de Chatellerault, chevaux et mules d'Espagne, mules d'Auvergne et de Saintonge, sel de Salies, drap d'Oloron*..... Dans le tarif de Sauveterre, on lit : « Empero si augun armitan,
« religions, mendican, meset ou ladre, cabanguc arroussy
« ou azou ferrat, no paguara res, per lasdites montadures,
« sino foussa ainsi vouloussen fraudar lo peadge, de que
« faran jurament, si per lo peadger en son requerits.

« Lous herauts de las armes et trompetes, seran francs de
« lours personnes et montadures, empero si porten or ou ar-
« gent, en paguaran com dessus. »

Le tarif d'*Orthez* porte: « Mes baquers, egoassers, ny
« authers qui passen et repassen per anar eschivernar en las
« lanes et montaignes, no paguan res, encoere que venden
« auguna bestia en passan. »

tournez à droite, en suivant l'allée qui contourne la vieille ville de l'ouest au sud, et vous ne regretterez pas la légère fatigue que cette visite vous aura coûtée. A vos pieds, le gave d'Aspe roule ses eaux limpides et torrentueuses, qui baignent sous vos yeux la ville de Sainte-Marie, tout en donnant le mouvement et la vie à diverses usines. Au delà s'étale l'immense plaine où débouchent les deux vallées d'Aspe et de Barétous, le tout borné par les Pyrénées. C'est un spectacle ravissant.

L'église de Sainte-Croix n'est pas indigne de la curiosité des voyageurs. Les calvinistes s'en étant emparés, sous le règne de Jeanne d'Albret, c'est dans la chapelle du couvent des Cordeliers, fondé dans le voisage, à une époque fort reculée, que l'exercice de la religion catholique fut repris, par les soins de l'illustre prélat, *Arnaud Maytie*. Un autre évêque de cette famille, *François-Arnaud Maytie*, fonda le monastère de Sainte-Claire, qu'occupent aujourd'hui l'hôtel de ville et le tribunal civil d'Oloron. Enfin, un couvent de capucins s'élevait sur la rive droite du gave d'Ossau. Mais le véritable monument dont la ville puisse se montrer fière, c'est la cathédrale de Sainte-Marie.

IX.

VALLÉE D'ASPE.

1. Penne d'Escot, Sarrance. 2. Bedous, Accous, Despourrins. 3. Village et cascade de Lescun, Pic d'Anie. 4. Urdos, Ste-Christine. 5. Communications de la vallée d'Aspe avec celle d'Ossau. 6. Guerre des Aspois avec les habitants du Lavedan. 7. Combat de Lescun.

Ce n'est pas au retour de St-Jean-de-Luz, l'été dernier, que nous avons visité la vallée d'Aspe. Nous la connaissions déjà; mais nous laisserions une lacune regrettable, dans l'essai descriptif que nous soumettons aujourd'hui à nos lecteurs, si nous négligions de les y conduire.

Pour y parvenir, on prend, à Ste-Marie, la route qui remonte la rive droite du gave et l'on parvient ainsi, au bout de 13 kilomètres environ, et après avoir traversé les villages de *Gurmençon*, *d'Arros* et *d'Assap*, au pont et à la penne *d'Escot* « qui est un rocher sourcilleux de mon-
« tagnes, joignant la rivière du gave, assis à
« l'embouchure du passage que Jules César fit
« couper pour y rendre la route plus facile. »

(Marca.)

Ne prenons pas à la lettre ce nom de *Jules César*, que les souvenirs des Gaulois et des Aquitains ont fait intervenir en tous lieux et dans tous les grands travaux des Romains. Quant à l'ouverture à travers la *vallée d'Aspe*, l'ancienne *Aspaluca*, d'une *voie romaine*, il n'est point permis d'en douter, pour peu que l'on se rappelle l'*Itinéraire d'Antonin*. D'ailleurs la *penne d'Escot* a conservé cette inscription :

L. VAL. VENS CER II VIR HANC VIAM
RESTITVIT.

C'est au delà de ces rochers que le *for d'Aspe* accordait l'impunité à ses habitants qui avaient commis des déprédations en Béarn, lorsqu'ils parvenaient à rentrer avec leur butin dans les limites de leur vallée. C'est également à la *penne d'Escot*, du moins nous le présumons, que le vicomte de Béarn demandait et recevait des ôtages, lorsqu'il voulait *entrer dans la vallée d'Aspe, ou pour son plaisir, ou pour réclamer ses droits*. Le *for d'Aspe* précise que ce souverain devait se mettre à cheval au milieu du ruisseau *Loo* pour y recevoir les hommages des *Aspois*. A son retour, les ôtages étaient restitués sains et saufs ; sinon, deux des principaux de la suite du vicomte étaient livrés aux Aspois pour rester dans la vallée. — Mais le nom du ruisseau *Loo* ne se retrouve plus en ces lieux.

Le village d'*Escot* possède, dans le voisinage de la *penne*, trois sources tièdes, dont Bordeu a vanté l'efficacité pour les poitrines délicates, dans les obstructions, les fièvres invétérées et les résultats qui en sont la suite.

Pour franchir les 3 kilomètres qui séparent *Escot* de *Sarrance*, le voyageur suit les sinuosités d'une gorge sauvage, dont la route et le gave se disputent le fond. Au seuil de ce sombre défilé, un beau pont de marbre coquillier vous a portés de la rive gauche sur la rive droite du torrent. Avant d'atteindre *Sarrance*, un autre pont qui complète un paysage digne du pinceau, vous ramènera sur la rive gauche que commande cette ancienne abbaye de l'ordre des Prémontrés.

Les Aspois racontent que des pasteurs trouvèrent une statue de la Vierge, errante dans leurs montagnes, et qui ne consentit à s'arrêter que lorsqu'on lui eut bâti la chapelle de *Sarrance*. Une abbaye ne tarda pas à venir s'accoler à cette chapelle, et de nombreux pèlerins s'empressant d'y accourir, de grands seigneurs, des princes mêmes adossèrent à ce monastère plusieurs demeures, pour s'y loger, lors de leurs pèlerinages. On assure qu'en 1385, par exemple, le roi de Navarre, le roi de Castille et le vicomte de Béarn s'y réunirent, un jour, pour faire leurs dévotions dans cette chapelle et l'enrichir de leurs présents. Parmi les visiteurs célèbres, cette abbaye compte également un roi de France :

> Dans ses ennuis, Louis dit le onzième,
> D'Aspe, un beau jour, prit le riant chemin,
> Et, dans *Escot*, posant son diadème,
> Vint à *Sarrance*, en humble pélerin.
> Des montagnards s'inclinaient sur les pierres
> Où le monarque aussi s'agenouilla...
> De part et d'autre, oyez donc les prières
> Qu'à Notre-Dame on adressa.

CHŒUR DE MONTAGNARDS.

Vous, qui dissipez les orages,
Du matin céleste flambeau,
Guidez aux meilleurs pâturages
Chaque pasteur et son troupeau.
De nos brebis, de nos génisses
Ecartez les ours et les loups ;
Vous en recevrez les prémices...
Reine des cieux, priez pour nous!

LOUIS XI.

Du fils de Dieu, toute puissante mère,
Qui de son trône occupez la moitié,
Du haut des cieux, jetez sur ma misère
Et sur la France, un regard de pitié.
Dans le malheur, hélas! qui m'environne,
Faible et contrit je viens, à vos genoux,
Courber un front meurtri par sa couronne...
Reine des cieux, priez pour nous.

UNE JEUNE FILLE.

Mon fiancé, Souveraine des Anges,
Poursuit l'isard que sa main vous promet...
Pour lui je crains l'*Anie* et ses lavanges,
Et le démon qui trône à son sommet. (1)
Du beau chasseur la trop coupable amie
N'ose implorer votre fils radieux !...
Mais à vos pieds je me sens plus hardie...
Priez pour nous, reine des cieux !

---

(1) Les Aspois placent sur le pic d'*Anie* un démon, qu'ils nomment l'*Homme rouge*.

LOUIS XI.

Des grands vassaux les funestes cabales
Perdent la France, et, pour en triompher,
Mon frère, hélas ! dans leurs mains féodales,
Est un tison qu'il me faut étouffer !
Vous le savez, sans tromper ni surfaire,
A tous les saints je solde tous mes vœux...
Pour cette mort je voue un monastère...
Priez pour nous, reine des cieux !

CHŒUR DE MONTAGNARDS.

Vous, qui dissipez les orages,
Du matin céleste flambeau,
Guidez aux meilleurs pâturages
Chaque pasteur et son troupeau.
De nos brebis, de nos génisses
Ecartez les ours et les loups ;
Vous en recevrez les prémices...
Reine des cieux, priez pour nous !

UN MONTAGNARD.

A votre autel je venais le suspendre
Ce voile d'or dans *Oloron* ravi,
Quand deux archers ont voulu le reprendre...
Mais de leur sang le gave s'est rougi...
C'était mon droit ; j'avais passé la *penne*,
Et notre *for* me protégeait contre eux.
Pourtant je plains leur âme dans la peine...
Priez pour eux, reine des cieux !

LOUIS XI.

Charles unit le mépris à l'injure...
Par mes serments, un jour, je l'endormis :
Et je pourrais, à l'aide d'un parjure,
En le perdant, sauver tous nos amis.

A tous mes vœux si l'on m'a vu fidèle,
Pour cette mort je serais généreux !...
Du Bourguignon voulez-vous la chapelle ?...
Priez pour nous, reine des cieux !

CHŒUR DE MONTAGNARDS.

Vous, qui dissipez les orages,
Du matin céleste flambeau,
Guidez aux meilleurs pâturages
Chaque pasteur et son troupeau.
De nos brebis, de nos génisses
Ecartez les ours et les loups ;
Vous en recevrez les prémices...
Reine des cieux, priez pour nous !

Les calvinistes pillèrent et brûlèrent, en 1569, l'église et le monastère de Sarrance. Mais on réussit à soustraire à leur fureur la statue de la Vierge, qu'ils avaient résolu de briser. Les terroristes de 1793 ne furent pas plus heureux. La Sainte Vierge leur fut dérobée, par la piété des Aspois.

2. Si la gorge, qui remonte de la *penne d'Escot* à Notre-Dame de *Sarrance*, s'est élargie quelque peu aux environs de cette chapelle, elle reprend bientôt les formes d'un défilé, dont les sinuosités se multiplient de nouveau. Mais dans cette partie supérieure, l'œil se trouve récréé par l'aspect de quelques champs où la culture s'est élevée à d'immenses hauteurs, comme de quelques chaumières penchées sur le bord des abimes.

Puis, tout à coup et sans transition aucune,

du haut d'une rampe qu'au lieu de gravir vous avez à descendre, un tableau incomparable vous est offert. Dans une plaine de forme ovale qu'arrosent deux gaves, et que revêtent de la plus belle verdure des prairies sans nombre, votre regard plane sur divers villages plus ou moins pittoresques. Ce sont *Bedous* et *Accous, Osse* et *Lées, Orcun, Jouers, Athas*... On vante, non sans raison, les trente-deux villages de la vallée d'Argelez. Mais, dans la vallée d'Aspe, les contrastes ressortent mieux, et celle d'Argelez n'a pas ces belles forêts de sapins qui séparent les quartiers habités des roches nues et des neiges. De plus, de nombreux vallons pleins d'ombre et de mystères s'ouvrent ici, dans tous les sens, et forment comme les fleurons de la couronne d'Aspe. La plaine elle-même présente cette particularité qu'une foule de mamelons, non moins verdoyants que les prairies d'alentour, y jettent une grande variété. On assure que plusieurs de ces monticules recèlent, dans leurs flancs, des carrières d'*ophite* propre à remplacer le porphyre vert des anciens.

Après avoir traversé *Bedous*, nous allons heurter à chaque pas à des souvenirs de Despourrins. Dans *Accous* même, chef-lieu de la vallée, nous saluerons les *trois épées* qui décorent encore la porte de la maison de son père. A peu de distance de là, nous ne manquerons pas de gravir la hauteur que fréquentait ce poète et où, pour composer ces chants, dont le peuple a gardé la mémoire, il s'inspirait de la vue de tant de beautés réunies autour de lui. C'est là, du reste, que l'on éleva, le 5 septembre 1840, un obélisque en l'honneur de Despourrins.

Accous a des eaux thermales. Sa principale fontaine, nommée *Suberlaché*, est tiède, soufrée et ferrugineuse. On croit qu'il serait possible d'en augmenter la force, en la préservant des infiltrations des eaux pluviales, qu'à l'issue du banc granitique elle rencontre en traversant plusieurs couches de terrain sablonneux. Dans son voisinage, on trouve une autre source fortement ferrugineuse, et l'on avait lieu d'espérer que les étrangers, les Anglais surtout, finiraient par fréquenter ces eaux salutaires, le gracieux village d'*Osse* qui n'en est qu'à peu de distance leur offrant la ressource d'un temple et d'un pasteur protestants.— M. du Mège voit l'*Aspaluca* des Romains dans la bourgade d'*Accous*, qui aurait ainsi donné son nom à toute la contrée.

Au delà d'*Accous* et de *Lées*, assis en face l'un de l'autre, le premier sur la rive droite et le second sur la rive gauche du gave, la vallée se rétrécit jusques aux frontières d'Espagne, et, vers le pont d'Esquit surtout, de simples détachements pourraient contenir, pendant plusieurs heures, un corps d'armée.

3. Plus loin, cette gorge se bifurque, et de la branche qui s'ouvre à droite, s'écoule le gave né, partie aux flancs du pic d'*Anie*, et partie au port d'*Anso*. C'est par là que l'on remonte au village de *Lescun*, perché sur des rochers com-

me une aire d'aigle, mais dominé néanmoins par des montagnes qui donnent à ce haut plateau tout les désagréments d'un fond d'entonnoir. C'est, d'ailleurs, un triste et disgracieux séjour. Au delà de Lescun, qui fut pourtant l'une des principales baronnies du Béarn et qui porte un nom historique (1), l'on ne trouve guères que des *bordes* ou granges, où se réfugient, soit durant la nuit, soit en cas d'orage, les troupeaux disséminés sur les montagnes d'alentour. — En suivant le gave de Lescun, on peut tenter l'ascension du pic d'*Anie*, lequel, d'après Vidal et Reboul, s'élève à 2,712 mètres au-dessus du niveau de la mer.

Avant de parvenir à Lescun, il ne faut pas négliger de visiter, sur la gauche, l'une des plus belles cascades des Pyrénées. On a tant décrit de ces chutes de gaves, qu'il nous serait impossible de trouver des expressions nouvelles pour parler de celle-ci, réellement au-dessus de tout

---

(1) On peut citer *Fortaner*, seigneur de *Lescun*, auquel Thibaut, roi de Navarre, donna la ville et le château de *Sadoba*, en 1234 ; Arnaud Guillaume de Béarn, seigneur de *Lescun*, qui commandait 341 hommes d'armes et 900 hommes de pied, en 1338 ; Odet d'Aydie, seigneur *de Lescun*, sénéchal de Carcassonne, et frère du seigneur *de Lescun*, comte de Comminges, en 1486 ; le maréchal *de Lescun*, mort d'une arquebusade reçue à la bataille de Pavie, en 1525 ; et Pierre *de Lescun*, conseiller au conseil souverain du Béarn, descendant de Fortaner, bon écrivain, orateur éloquent, mais fougueux religionnaire, décapité, en 1622, à Bordeaux.

éloge et digne à elle seule d'une course dans la vallée d'Aspe. Seulement, que nos lecteurs retiennent cet avis : il est, dans le voisinage de cette cascade, un rocher qui porte le nom du *Saut du Receveur*. Là périt, dans la nuit, un employé des douanes qui revenait de Lescun à Bedous, et dont on trouva le cadavre avec celui de son cheval, au fond du ravin.

4. La gorge principale où gronde et bondit le gave formé du trop plein du lac d'*Estaës* et des eaux du *Somport*, a permis à quelques villages de s'y abriter, et l'on y trouve successivement *Cette, Etsaut, Borce, Urdos*, des forges, un fort dit du *Portalet* et un lazaret, fondé, en 1823, lors du cordon sanitaire qui fut établi sur toute la ligne des Pyrénées.

Le fort du *Portalet* remplace aujourd'hui celui que Henri IV avait bâti aux mêmes lieux, (commune d'Urdos) pour barrer ce défilé aux Espagnols. En 1848, époque des travaux de construction de ce château, un sapeur du 2e régiment du génie commit l'imprudence de se livrer au sommeil derrière un des rochers où l'on élevait ces retranchements. A son réveil, et avant qu'il n'eût repris l'usage complet de ses sens, il s'avança sur le bord d'un précipice, au fond duquel il tomba, la tête en avant. Telle fut la force de projection acquise par son corps, dans cette chute, qu'ayant rencontré une saillie, il fut lancé du contre-coup au delà du torrent qui coule au pied de ces rochers.

(*Mémorial des Pyrénées*, 1848.)

On trouve, dans un autre numéro du même journal, la lettre suivante :

« A Urdos, le 26 décembre 1350.

« Le 22 du courant, un étranger arriva nuitamment à Urdos, d'où il sortit avant le jour, se dirigeant vers la frontière. Il passa la journée du 23 à l'auberge de Peyranère, éloignée de la frontière de 3 kilomètres, et d'où il envoya un commissionnaire à Camfranc, pour sonder s'il y pourrait entrer sans être nanti d'un passeport. Sur la réponse négative qu'il en reçut, il coucha, la nuit du même jour, à Peyranère.

« Le maréchal-des-logis de gendarmerie, Cazanave, promu à ce grade en récompense de sa belle conduite, dans la rixe qui éclata dernièrement à Espiule, (canton de Sauveterre), entre la population de cette commune et une partie de celle d'Etchar, averti des démarches de cet individu, s'empressa d'aller investir l'auberge de Peyranère, pour procéder à l'arrestation de cet étranger, dont les projets annonçaient un criminel qui cherche à échapper aux poursuites de la justice.

« Arrivé sur les lieux, vers 5 heures du matin, le sieur Capdequi-Peyranère déclara au maréchal-des-logis, qu'en effet cet étranger était chez lui, et il le prévint que son arrestation était fort périlleuse, attendu qu'il était armé d'un pistolet dont il était disposé à faire usage aussitôt qu'il se verrait poursuivi.

« Le sieur Cazanave, avec ce courage dont il a maintes fois donné des preuves, fait réveiller cet individu par le domestique de la maison, et au moment où il ouvre la porte de la chambre où il se trouvait couché et qu'il avait eu soin de fermer à clef, il s'y élance et il a le bonheur de le saisir par les bras, avant qu'il ait le temps d'armer le pistolet dont il s'était muni, sans doute en cas d'une surprise. Dans la lutte qui s'engage entre le maréchal-des-logis et son adversaire, celui-ci fait d'énergiques efforts pour porter à sa bouche le canon du pistolet ; mais le maréchal-des-logis, puissamment secondé par le gendarme Persillon, parvient, non sans peine, à le désarmer.

« Le sentier qui conduit de Peyranère à la route nationale étant devenu tellement difficile par la quantité de neige qui couvre les montagnes, qu'il est impossible à deux hommes de s'y tenir de front, le commandant de la brigade de gendarmerie se voit forcé de faire placer son prisonnier entre les gendarmes pour les faire marcher les uns à la suite des autres. Arrivés au quartier Gayanne, sur un terrain fort incliné et couvert de glace, cet individu s'élance tout à coup hors de la route, et après avoir roulé plus de cent mètres, il est arrêté par la neige sur un petit plateau, où il se relève ; mais voyant que le gendarme Bouhaben, qui s'était immédiatement élancé à sa poursuite, malgré le danger imminent de rouler dans le précipice, arrive près de lui, il se dirige précipitamment vers un escarpement de 50 mètres de hauteur qui domine la route nationale près de la forge et il s'y précipite, lançant la tête la première. Par suite des coups qu'il se donne sur les aspérités que présente cet escarpement, il s'enfonce le crâne, et arrivés près de lui, les gendarmes ne trouvent plus qu'un cadavre.

« J'ai été appelé à constater la mort de ce malheureux. Tout chez lui annonçait l'aisance ; il avait une mise soignée et était porteur d'une somme de 267 fr. et d'un portefeuille, où j'ai découvert, parmi des notes insignifiantes qu'il renfermait, qu'il était natif de.......... et qu'il portait le nom de................
....

« Agréez, etc. *Le maire d'Urdos,* LATOURRETTE. »

« *P. S.* On ignore encore ici le motif qui portait ce malheureux à s'expatrier et par la suite à se suicider. »

Cette lettre fort mystérieuse pour les lecteurs ordinaires du *Mémorial des Pyrénées*, ne pouvait l'être pour nous qui venions de jouer notre rôle d'avocat dans l'horrible drame dont ce suicide fut le dénouement..... Puisse ce malheureux, qui parvint ainsi à se dérober à la justice des hommes, avoir trouvé, après s'être lancé dans l'éternité, au moins un instant, pour implorer de la justice divine le pardon et de sa vie et de cette mort !

Par delà le *Somport* se trouvent les ruines de Sainte-Christine.

Bien qu'aujourd'hui ces restes se trouvent en dehors de la vallée d'Aspe et de la France, la fondation, ou, du moins, la restauration en appartient à notre histoire, qui l'attribue à Gaston IV, vicomte de Béarn, « parce que sans « doute, il l'avait rétabli et augmenté, ou qu'il « y avait changé l'ordre ancien de Saint-Benoît « en celui des chanoines réguliers de Saint- « Augustin », Marca auquel nous venons d'emprunter ces quelques lignes, faisant observer, du reste, que l'existence *antérieure* de Sainte-Christine se trouve bien et duement constatée.

Sainte-Christine occupait le point le plus élevé du port, et l'on dit que les ouvriers, qui bâtirent ce monastère, furent détournés de l'emplacement choisi d'abord pour cette construction, par un ramier portant une croix dans son bec et qui, volant d'un buisson à l'autre, les attira jusqu'au lieu où il laissa tomber sa croix. C'est en cet endroit qu'ils bâtirent l'église qui prit pour ses armoiries un ramier blanc ayant une croix à son bec.

Le pape Innocent III, dans une bulle de l'an 1216, qualifie Sainte-Christine *de l'un des trois principaux hospices du monde*, tant les princes de tous les pays s'étaient fait un devoir de l'enrichir de leurs dons, à cause des services que ce monastère rendait à la chrétienté. L'on y recevait en effet indistinctement les chevaliers, les marchands, les pélerins, tous ceux, en un mot, pauvres mendiants ou puissants de la terre, qui y cherchaient un refuge contre les orages ou les neiges.

Mais lors de la campagne du comte de Montgommery, dans le Béarn, telle fut la terreur qu'il répandit dans les Pyrénées, que D. Jean de Guerra, gouverneur de l'Aragon, vint se poster avec un corps de troupes à Sainte-Christine, d'où il ramena, quelque temps après, le prieur et les chanoines, à Jaca. En 1593, l'église et la maison que ces religieux occupaient à Jaca, gênant la construction d'un fort bâti par *Alonso de Bergas*, lieutenant-général d'Aragon, la destruction en fut ordonnée, ce qui occasionna des désordres assez grands pour décider un délégué du pape, en 1597, à faire jeter en prison le plus ancien de ces chanoines et à transférer les autres au monastère de Montaragon. En 1607, le pape Paul V supprima le prieuré régulier de Ste-Christine, et l'érigea en dignité séculière incorporée au chapitre de l'église archiépiscopale de Saragosse. Enfin, un nonce du pape, par sentence du 1er août 1613, supprima, de son côté, le couvent de Ste-Christine et unit ses rentes à l'ordre des Frères prédicateurs, pour l'entretien de douze religieux, dans la ville de Jaca. Quant aux rentes que ce monastère possédait en deçà des monts, elles furent attribuées à l'ordre des clercs réguliers de Saint-Augustin.

5. De Sainte-Christine, on peut, au lieu de rentrer dans la vallée d'Aspe et de revenir ainsi sur ses pas, visiter les bains espagnols de *Penticosa*, et parvenir aux *Eaux-Chaudes* par la *Case de Broussette* et *Gabas*.

A l'égard des autres communications entre la vallée d'Aspe et la vallée d'Ossau, la plus facile s'opère au moyen d'un chemin partant du hameau d'Escot, gravissant la montagne du Benou et descendant de ces hauteurs aux villages de Bilhères et de Bielle. Du village de Bedous, un autre chemin s'élève jusqu'au village d'*Aydius*, d'où, réduit aux proportions d'un sentier, il mène soit directement à Laruns, soit par le col *des Mordas*, au fond de la gorge des Eaux-Chaudes, en amont du *Pont d'Enfer*. On peut aussi, au départ d'*Accous* et en passant le col de *Gée*, parvenir au même point de la gorge des *Eaux-Chaudes*.

6. C'est sans doute le chemin par le Benou que prirent les Aspois, en 1342, lorsqu'ils mar-

chèrent contre les habitants du Lavedan. Les détails que Marca donne de cette guerre, avec le plus grand sérieux, sont trop caractéristiques de cette époque et de ces peuples, pour que nous négligions de les transcrire ici :

« On trouve dans les vieux livres censiers des communautés de cette vallée, que les Aspois étant entrés avec armes dans la vallée de Lavedan, qui est assise dans les montagnes de Bigorre, un abbé laïque d'un village proche du monastère Saint-Savin monta sur un sureau, et ayant lu quelques conjurations, dans un livre de magie, troubla le sens et l'entendement des Aspois, en telle sorte qu'ils furent mis hors de défense par la force des enchantements, et demeurèrent exposés à la discrétion de leurs ennemis de Lavedan qui en firent une sanglante boucherie et les tuèrent tous de sang-froid, sans se mettre en aucun devoir de réparer cette injure (1). De sorte qu'à cause de leur obstination au mal, le pape lâcha un interdit sur la terre de Lavedan, qui fut suivi d'une telle malédiction, que comme si le ciel fût devenu d'airain pour leur regard et eût retiré la bénignité de ses influences, l'effet de la vertu primitive et originaire départie à la terre, aux plantes et aux animaux, de fructifier et de produire leur

---

(1) M. Davazac-Macaya, *Ess. histor. sur le Bigorre*, t. 2, p. 87, ajoute que les habitants du Lavedan jetèrent les cadavres des Aspois *dans un trou profond, creusé non loin du champ de bataille, par les mains de la nature.*

semblable, fut mise en souffrance et comme en une espèce d'interdit ; de façon que, pendant six ans, l'humeur végétante et seminale fut desséchée en toute la terre, sans que les herbes, ni les arbres poussassent des fleurs, ni les brebis, vaches, ni juments, portassent leur fruit, ni que les femmes engendrassent. Ces effets répondaient aux malédictions insérées dans le formulaire de l'anathème du Concile de Tours, canon 2, où l'évêque fait des imprécations expresses, que les criminels soient maudits en la cité et aux champs, et que les fruits de leur ventre et de leur terre soient maudits, et qu'ils reçoivent toutes les malédictions mentionnées dans le *Deuteronome*.

« Ces montagnards, étonnés d'une si rude et sensible punition, estimèrent que, comme la terre d'Attique avait été condamnée à une stérilité générale pendant trois ans, pour châtier le meurtre commis en la personne d'Androgeos, qui continua jusqu'à ce que le crime fût expié par divers sacrifices, ils étaient semblablement obligés d'apaiser l'indignation de Dieu, par leur repentance et par l'indemnité des intéressés, et procurant le relâchement des censures ecclésiastiques.

« Ceux de Lavedan envoyèrent deux prud'hommes de leur terre en cour de Rome, pour demander au Saint-Père l'absolution de l'interdit, laquelle Sa Sainteté accorda, sous certaines conditions, et adressa son rescrit aux évêques de Lescar et de Tarbes, qui firent à même temps assembler dix hommes de la vallée d'Aspe, et autres dix de la vallée de Lavedan, avec pouvoir suffisant de leurs communautés, leur ordonnèrent et firent jurer une paix et amitié perpétuelle entre les vallées, sous peine, contre l'infracteur de la paix, d'encourir l'anathème et la malédiction de l'Eglise, d'être poursuivi comme traître et de payer cent marcs d'argent à l'intéressé et autres cent marcs d'argent au seigneur de la personne intéressée. Enjoignirent aussi à ceux de Lavedan, par voie de satisfaction et pénitence ecclésiastique, d'envoyer dix pèlerins à Saint-Jacques de Galice, et faire célébrer, en cette église, quatre messes d'évèques, dix messes d'abbés en habits pontificaux, et cent messes de prêtres et religieux; et, en outre, de payer annuellement et à perpétuité, la somme de trente sols morlas, au procureur de ceux d'Aspe, le jour de saint Michel, dans l'église de Saint-Savin, sans que ce payement pût être prescrit par aucun laps de temps, sauf pour les arrérages échus de trente années dernières; étant même loisible aux Aspois d'arrêter, en cas de retardement, ceux de Lavedan et les contraindre par corps au payement, un chacun pour le tout, en quelle part qu'ils les trouvent. Cette somme est départie de ce titre sur chaque village, à proportion de ses forces, et correspond, au denier dix, à la rente de l'amende coutumière d'un meurtre, payable au proche, qui est taxée dans les vieux fors à 300 sols morlas. Le paiement de ces trente sols morlas se fait, par intervalles, y étant intervenu divers arrêts de condamnation, donnés au parlement de Pau, contre les particuliers de Lavedan retenus prisonniers, en vertu de cet accord. » (*Histoire de Béarn*, p. 552 et 553). Ce traité de paix, qui s'est conservé au Trésor de Pau, est à la date du 1er juin 1348.

7. Pour pendant de ce premier tableau où l'on a vu les Aspois se laisser égorger comme des agneaux, nous allons en présenter un second où nous les verrons combattre comme des lions.

C'était en 1794; la république française faisait la guerre à l'Espagne, et la vallée d'Aspe venait de mettre sur pied un bataillon de volontaires dont les grenadiers (capitaine *Tresmontan*) étaient à *Lées*; la première compagnie (capitaine *Laclède*), à *Bedous*; la deuxième (capitaine *Minvielle*, d'Accous), à *Accous*; la troisième (capitaine *Anchou*), à *Borce*; la quatrième (capitaine *Pélissier*), la cinquième (capitaine *Minvielle*, d'Arette), et la septième (capitaine *Trousil*), à *Urdos*; enfin la sixième (capitaine *Ferrandou*) et la huitième (capitaine *Castaing*), à *Lescun*.

Le 4 septembre 1794, la compagnie Laclède venait de se rendre sur son terrain de manœuvres, proche de Bedous. Tout à coup, une vive fusillade se fait entendre dans la direction de *Lescun*. Le capitaine prête l'oreille : « Ce sont les Espagnols aux prises avec les nôtres, s'écrie-t-il; volons au secours de nos camarades ! » et munis de cartouches, les voilà tous partis pour *Lescun*.

C'était, en effet, un corps de 6,600 Espagnols détaché de l'armée royale d'Aragon, qui venait de pénétrer dans la vallée d'Aspe par le col *det Paü* et de *la Marie*. Deux faibles détachements de 25 hommes chacun, commis à la garde de ces défilés, avaient dû céder au nombre, et ralliés aux deux compagnies *Ferrandou* et *Castaing*, ils réussirent à contenir l'ennemi et à couvrir le village de Lescun jusqu'à l'arrivée de la compagnie *Laclède*. Mais une bande de pillards venus à la suite du corps espagnol s'empressa de détruire par le feu les bordes ou granges situées entre Lescun et la frontière. De grandes provisions en fourrages y furent ainsi consumées.

Cependant la compagnie *Laclède* accourait au pas de course. Des paysans alarmés essayèrent de la retenir au *pont d'Esquit*, affirmant que *Lescun* avait été pris, passé au fil de l'épée et puis brûlé. Mais *Laclède* et ses volontaires n'en gravirent pas moins avec résolution et une agilité merveilleuse, la rampe difficile qui remonte à ce village.

Alors s'offrit à leurs yeux un spectacle qui aurait pu démoraliser des hommes moins fortement trempés. L'ennemi, franchissant le gave qui le séparait de *Lescun*, avait placé sur un mamelon dominant le village une colonne dont le feu incommodait outre-mesure les Aspois. Les habitants armés de fourches et de faux s'étaient joints aux soldats pour défendre leurs foyers; les femmes et les enfants mêlaient leurs cris lamentables aux détonations des mousquets, et les lueurs des incendies qui dévoraient les bordes de ce quartier, se reflétaient sur les rochers et sur les neiges du pic d'*Anie*, ainsi que des montagnes environnantes.

Laclède sentit qu'il fallait à tout prix enlever le mamelon occupé par l'ennemi. Cet officier en était à l'apprentissage d'un métier où il parvint ultérieurement au grade de colonel de dragons, et où il se serait fait une grande renommée, si la mort ne l'eût pas atteint devant Saragosse. Dès son début à Lescun, il montra autant d'intelligence que d'intrépidité. Après avoir, pour faire nombre aux yeux de l'ennemi, garni le versant qui regarde le gave d'hommes invalides et de femmes, tandis que les compagnies *Castaing* et *Ferrandou*, secondées par les paysans valides, tenaient bon, à leur poste, Laclède s'élance avec les siens sur les flancs de la position ennemie, et réussit à précipiter les Espagnols au bas du plateau. Il y fit prisonnier de sa main le baron prussien *de Hoorts*, officier supérieur dans les gardes walonnes. En ce moment survinrent, à leur tour, de leur cantonnement d'*Accous* et de *Borce*, les deux compagnies *Minvielle* et *Anchou*, refoulant les Espagnols à l'arme blanche, après avoir rallié à elles une foule de paysans qui se trouvaient munis d'armes et de munitions. Ce fut le coup de grâce, et l'ennemi, déjà en retraite, fut mis complétement en déroute et chassé de la vallée.

De son côté, la compagnie *Pélissier*, au premier bruit de l'invasion, s'était portée d'Urdos sur le col d'*Aillary*, où elle joignit les grenadiers de *Tresmontan*. Un corps d'Espagnols s'était posté sur la montagne *Lacuarde*. Mais à la vue des volontaires aspois qui venaient audacieusement à eux, les ennemis abandonnèrent cette première position et se réfugièrent sur le pic du *Brug*, d'où ils dirigèrent un feu très-vif contre les nôtres. Là périt Tresmontan à la tête de ses grenadiers. Mais loin de se laisser décourager par cette perte, les deux compagnies s'élancent à la voix de Pélissier, ayant les fusils en bandoulière, et l'ennemi chassé de ces sommets, ne se croit en sûreté qu'après avoir regagné le territoire espagnol.

C'est ainsi que sept compagnies de volontaires, sans expérience de la guerre, triomphèrent dans ces montagnes d'un corps de 6,600 Espagnols, qui ne s'étaient pas moins promis que de pousser jusqu'à Oloron et même d'envahir le Béarn. On a vu que les Aspois y combattirent dans la proportion d'un contre dix!.... Il se peut que les Aspois n'aient pas encore secoué toutes leurs idées superstitieuses du moyen âge. On dit aussi que leurs veines conservent de nos jours un reste du levain qu'y jetèrent autrefois les trop grandes franchises de leurs fors. Mais qui n'a pas ses défauts, en ce monde?... Dans cette belle vallée, du moins, nous les trouvons rachetés par une incontestable bravoure.

X.

VALLÉE D'OSSAU.

1. **Partie historique.** 2. **Partie descriptive. Louvie-Juzon. Castelgelos. Bielle et Laruns.**

1. La route d'Oloron aux Eaux-Bonnes suit celle de Pau jusqu'au village de Herrère, sur un parcours de six kilomètres cinq cents mètres. C'est l'une des plus belles et des plus intéressantes du Midi de la France. A droite, il est vrai, le gave d'Ossau nous dérobe, au fond de son ravin, ses détours et ses bonds. Mais à gauche, notre œil aime à plonger dans le joli vallon d'Escout, riche d'ombrages, de verdure et de villages. D'un autre côté, cette route courant de l'ouest à l'est et dominant tout le pays d'alentour, on y trouve l'occasion de passer en revue une division de cette armée de géants qui s'étend d'une mer à l'autre, sur une ligne de cent lieues, et que l'on nomme *les Pyrénées*.

A quelques pas avant d'atteindre le village de Herrère, les deux routes se séparent, celle de Pau, pour gravir les coteaux qui nous séparent de Gan, et la seconde pour prendre la direction des Eaux-Bonnes, en traversant d'abord Herrère et puis Ogeu, Buziet et Buzy, distant le premier du dernier, c'est-à-dire Herrère, de Buzy, de 7 à 8 kilomètres. Comme ces divers villages, ainsi que la plaine qui les entoure, ne nous offrent rien de particulier à vous dire, voulez-vous que nous consacrions le temps de cette traversée à l'histoire de la vallée d'Ossau, sur le seuil de laquelle nous allons parvenir ? Seulement, il ne faut pas s'effrayer si nous la prenons au déluge, en empruntant ces quelques lignes d'une épître du célèbre Bordeu à ses compatriotes :

« Prou loungtems y a quaqueres mountines oumbratgen nouste bal et la brabe gen qui l'habita.	Il y a assez longtemps que ces montagnes ombragent notre vallée, ainsi que la brave nation qui l'habite.
« Bertat ei, aunestes et brabes Ossalés, que de l'ancien atge trop nou y resta noubelles ny escrituras.	A la vérité, honnêtes et braves Ossalais, il ne reste pas trop de nouvelles ni écritures de l'ancien âge.
« Chrestias n'ou eren aquets antics montagnards et de la géantie bet drin, si n'oum troumpi, tienen : race bengude, en quauques sauts, de las planes de Sennaar. (1)	Ils n'étaient pas chrétiens ces anciens montagnards qui tenaient fort, si je ne me trompe, de la race des géants, venue, en quelques bonds, des plaines de Sennaar.

---

(1) La tradition place les derniers descendants de cette race au village ou hameau de Goust, situé sur la montagne qui fait face aux Eaux-Chaudes, sur la rive gauche du gave. Les habitants, dit-on, en étaient d'une taille gigantesque et parvenaient, pour la plupart, à cent ans et au delà.

« Las riberes, en aquet tems, et las planes, qui are tant braguen, n'ou eren que mars, lacs, pesques et gabes.

« Mei quan las mars se hou retirades et las planes eschucades, lous Ossalès seguin lou cours de l'aïgue et lous debris de las mountagnes, descendun habita lou plat peïs : et mestes quen houn jusqu'au Poun-Loung, qui eugouere tiennen.

« Lous heits se saben et quen y a probes : b'es bet aquet castet de Paü bastit sus la terre d'Ossaü et lous pactes et alliances dab lou soubira et la ballée engouere se troben. »

Les rivières, en ce temps-là, et les plaines si fières aujourd'hui de leur beauté, n'étaient que mers, lacs, étangs et gaves.

Mais lorsque les mers se furent retirées et les plaines desséchées, les Ossalais, suivant le cours de l'eau et les débris des montagnes, descendirent habiter le plat pays et en prirent possession jusqu'au Pont-Long qu'ils tiennent encore.

Les faits sont connus et il y en a des preuves. Ce beau château de Pau est bien bâti sur la terre d'Ossau, et l'on a conservé les traités et alliances entre le souverain et la vallée.

Il résulterait de cette tradition ou plutôt de ce rêve d'un beau génie, que les Ossalais, à leur descente des Pyrénées dans les plaines, désertées par les eaux, auraient occupé tout le pays jusqu'au delà du gave béarnais, où s'étendent les landes du *Pont-Long*, entre les deux villes de Morlàas et de Lescar. Mais dans les siècles postérieurs à cette occupation, c'est-à-dire, lorsque l'on parvient aux temps de l'histoire positive du Béarn, on trouve une grande lacune dans les possessions primitives des Ossalais, puisque dès lors le vallon du Nez, ainsi que le territoire de Gan, les coteaux et la plaine de Jurançon, séparaient les Ossalais du gave de Pau.

Entre l'époque si reculée dont parle Bordeu et ces âges positifs, dont nous venons de parler nous-même, il existe aussi une immense lacune dans l'histoire de la vallée d'Ossau. Nous savons, il est vrai, que les habitants de cette contrée, désignés par d'Anville sous le nom d'*Osquidates-Montani*, furent du nombre de ces peuples aquitains qui se soumirent, non au jeune *Crassus*, lieutenant de Jules-César, après la défaite des Sociates, mais bien à César lui-même, lorsque, cinq ans plus tard, ce grand capitaine vint, en personne, avec deux légions, consommer la conquête de l'Aquitaine. Mais, depuis, les siècles s'écoulent sans que la vallée d'Ossau nous donne quelques signes d'existence. Seulement, l'on a découvert à Bielle, en 1842, des mosaïques et des restes romains qui durent appartenir à quelque temple ou à une riche *villa*.

L'histoire se tait également sur ce pays, durant l'occupation des Goths et des Francs. Ce n'est même que par conjecture et parce que la vallée d'Ossau dépendit, en tout temps, de l'évêché d'Oloron, que nous la comprenons dans l'occupation des Vascons; en telle sorte que tout ce que nous en savons jusques-là, c'est qu'antérieurement à l'an 1100 de J.-C., elle eut des vicomtes particuliers, comme la vallée de la *Soule*.

Les vicomtes d'Ossau résidaient dans le château de *Bielle*, fondé, dit-on, dès le VIe siècle. C'est là que se réfugièrent les Ossalais, lorsque les Normands, après avoir détruit *Oloron*, poussèrent leurs courses jusques dans la vallée d'Ossau, et c'est aux pieds de ce donjon que le seigneur de Beon, à la tête de ses compatriotes, remporta sur ces barbares, une victoire dont le souvenir fut perpétué par les traditions locales, par des chants nationaux, comme par les honneurs et les priviléges que prodigua aux descendants du vainqueur la vallée reconnaissante.

Néanmoins, l'épreuve que les vicomtes d'Ossau venaient de faire du château de Bielle, dans ces circonstances, leur ayant donné la conviction que l'assiette n'en était pas sûre et ne protégeait pas suffisamment la vallée, ils bâtirent non loin de là, et sur la rive opposée du gave, en un lieu éminent, le château de *Castelgelos* (*Castellum Ursalicum*, dans de vieux titres), où ils établirent leur nouvelle résidence. En aval de ce noble manoir, qui occupait le mamelon, où nous apercevrons, dans le cours de notre voyage, l'église de Saint-Polycarpe, l'ancien et le nouveau cimetière, ainsi que des pans de murs et un vieux donjon, une porte barrait l'entrée de la *vallée d'Ossau*, proprement dite, au défilé qui sépare *Louvie-Juzon* de *Castets*. Après avoir dépassé l'ancien pont de *Louvie*, on trouve encore les murs de soutènement de cette porte ; de même qu'une autre porte défendait le passage du *Hourat,* en aval des *Eaux-Chaudes*, du côté de l'Espagne.

Sous ces premiers maitres, les Ossalais réussirent à conserver, peut-être même à fonder leurs coutumes et priviléges. Devenus les vicomtes directs de cette vallée, les princes du Béarn refusèrent d'abord de reconnaitre ces franchises par trop abusives, comme nos lecteurs ne tarderont pas à s'en convaincre, et ce n'est qu'en 1221, que Guillaume Raymond de Moncade, vicomte de Béarn, s'étant transporté dans Ossau, y fit recueillir et rédiger, en assemblée générale, le for dont nous allons rappeler quelques dispositions.

Le vicomte était tenu de prêter serment, *le premier*, aux Ossalais, de respecter leurs droits, et ce n'est qu'après avoir reçu cette promesse jurée, que les Ossalais devaient prêter à leur tour, dans les mains du vicomte, le serment de lui être fidèles, ce qui les obligeait envers lui, notamment au service militaire ; mais dans les limites que voici : d'abord, ils ne devaient prendre les armes contre les seigneurs voisins que deux fois par an ; puis, il fallait que le vicomte de Béarn vint exposer, en personne, dans une assemblée des Ossalais, les motifs qui le portaient à la guerre, ce qui semblerait impliquer le droit, pour ces derniers, d'en délibérer. Après quoi, il était permis à ce prince de choisir, dans chaque maison, le meilleur combattant, sans toutefois que cette levée pût dépasser trois cents hommes. Comme pour les terres de Marsan et de Gavardan, en Gascogne, ainsi que de Brulhois, en Agenais, le vicomte de Béarn était assujetti au service militaire envers le duc d'Aquitaine ; les habitants de la vallée d'Ossau restèrent tenus de suivre en armes leur suzerain, dans ces occasions, jusqu'aux rives de la Garonne. Ces règles, au surplus, régissaient aussi les vallées d'*Aspe*, de *Barétous* et d'*Asson*.— Enfin, dans le cas d'une invasion du Béarn, par un ennemi quelconque, ou du siége par le vicomte, du château d'un vassal rebelle, les Ossalais formaient spécialement la garde de leur prince.

Olhagaray, p. 519, cite un exemple du soin que prenaient ces montagnards, pour se maintenir dans ces limites et restrictions. Antoine de Bourbon, qui voulait tenter de reconquérir la Haute-Navarre, chargea le sieur de Burie, en 1558, de mener contre Saint-Sébastien une armée béarnaise. Mais lorsqu'ils furent parvenus au pont d'*Osserain*, sur le gave le *Saison*, qui arrose, comme on sait, la vallée de la *Soule*, « ceux des vallées d'*Ossau*, d'*Aspe*, de *Barétous* « et d'*Asson*, raconte l'historien des comtes de « Foix, s'opiniâtrèrent à ne passer le pont, « fondés sur ce que le prince de Béarn n'avait « cette puissance de les sortir hors du pays, « pour son service. Les sieurs d'*Arros* et *Sgar-* « *rabaque* se mirent à la tête, pour les pousser, « et résolus de forcer les chefs, s'ils n'obéis-

« saient. Le désordre se leva si grand, qu'il ne
« s'en fallut rien qu'ils ne fussent mis en piè-
« ces. » — La retraite de ces bandes montagnardes contribua pour beaucoup à faire échouer cette entreprise.

A côté de ces devoirs, le for d'Ossau avait placé les priviléges. Les amendes prononcées dans cette vallée se trouvaient d'un chiffre bien inférieur à celui des condamnations de même nature prononcées dans le Béarn proprement dit. Lorsque le vicomte de Béarn venait donner des tournois à Castelgelos, c'est aux Ossalais qu'appartenait l'honneur de la garde du camp; et comme ils avaient, au Xe siècle, permis que les vicomtes de Béarn bâtissent un premier château, sur le bord septentrional des landes du *Pont-Long*, ils obtinrent aussi une place d'honneur dans les séances de la cour majour, qui se tenaient au château de Pau, ainsi que dans les fêtes et cérémonies. « Place que s'y
« marque, a dit Bordeu, en probe de grandou,
« en taus Ossalés, en las salles deus banquets
« deus princes et de la nation béarnaise. » (1)

Mais la plus grande, disons le mot, la plus étrange de leurs franchises, celle que les vicomtes de Béarn (on le constate en l'honneur de ces derniers) ne paraissent avoir confirmée

---

(1) Une place particulière est réservée aux Ossalais, en preuve de grandeur, dans les salles des banquets des princes et de la nation béarnaise.

qu'avec une extrême répugnance, c'est le droit d'asile qui ouvrait cette vallée à tous les malfaiteurs, à l'instar de la vallée d'Aspe : « …. Si
« l'on surprenait un Ossalais picorant et ravageant, dans les terres du vicomte, on pouvait
« l'arrêter et le retenir prisonnier, dans une
« basse-fosse, jusqu'à ce qu'il eût réparé le
« dommage. Mais aussi, s'il pouvait entrer avec
« sa volerie, *ab la rauberie*, dans la terre d'Ossau, il lui était permis de se présenter, le
« lendemain, devant le vicomte, sans danger
« d'être retenu, et sans que le voleur fût obligé
« de répondre aux plaintes des intéressés, jusqu'à ce que le vicomte ou la vicomtesse, en
« son absence, fussent en personne, dans la
« terre d'Ossau, pour y faire justice. En ce cas,
« les Ossalais étaient obligés de lui donner main
« forte, pour faire exécuter ses jugements d'indemnité contre les condamnés. De sorte que
« par ce moyen, la terre d'Ossau était rendue
« une retraite et un asile de picoreurs et de
« gens de mauvaise vie ; car aussi un étranger
« se réfugiant dans la vallée, était assuré de sa
« personne, jusqu'à l'arrivée du vicomte. »
(*Marca*).

Si nous ajoutons que les seigneurs particuliers qui possédaient des fiefs dans la vallée d'Ossau, n'y jouissaient d'aucune juridiction, et que le vicomte de Béarn ne pouvait y tenir lui-même des officiers de justice, quelle singulière idée doit-on se faire d'une telle société !...... Plus tard, les vicomtes de Béarn, au lieu d'y venir en personne, pour leurs assises, finirent par y envoyer leur sénéchal, et ce sénéchal ayant été rendu sédentaire à Pau, en 1460, ce privilége primitif tourna au détriment des Ossalais, qui se trouvèrent privés par là de l'exercice sur place du premier degré de juridiction et obligés de poursuivre au loin le jugement de leurs procès.

C'est surtout à l'occasion de leurs landes du *Pont-Long*, qu'ils eurent à soutenir de nombreuses discussions judiciaires, cette propriété, où ils envoient leurs bestiaux de grosse et de menue corne passer l'hiver, leur ayant été disputée de tous les temps. Quelquefois, au lieu de plaider contre les usurpateurs, ils marchaient contre eux, les armes à la main et leurs enseignes déployées, *ab armes et senhes desplegats*, comme disent leurs vieux titres. Mais ils n'en subirent pas moins force usurpations. D'un autre côté, la fondation du château de Pau, autour duquel ne tarda pas à se grouper une ville, avec ses jardins et sa banlieue, leur enleva toute la partie du *Pont-Long* que bordait le gave béarnais, et de cette ville également ils eurent bien des empiétements à réprimer, ce qui donna lieu à ce dicton fort connu :

« En despieit deous de Paü,
« Lou Pont-Long sera d'Ossaü. » (1)

---

(1) « En dépit de ceux de Pau,
« Le Pont-Long sera d'Ossau. »

Eux-mêmes établirent sur ces landes, à une époque inconnue, mais qui est certainement antérieure à l'an de J.-C. 1174, l'hôpital de *Lespiau*, qu'ils donnèrent aux religieux de Sainte-Christine, et dont ils prolongèrent les dépendances à travers le *Pont-Long*, à mesure qu'augmentaient les besoins de cette maison consacrée aux pauvres, aux malades et aux voyageurs égarés. Puis, les religieux commirent eux-mêmes des usurpations pour s'arrondir. En somme, lorsque les biens que Sainte-Christine possédait en deçà des Pyrénées, furent baillés aux clercs réguliers de Saint-Paul, ou Barnabites, ces derniers formèrent autour de l'hôpital de *Lespiau*, six belles métairies dont ils élargirent le périmètre aux dépens du Pont-Long. De là des procès, des transactions, et de nouveaux procès entés sur ces transactions. Ces discussions duraient encore, lorsqu'en 1790 survint un troisième larron, qui déclara l'hôpital de Lespiau *propriété nationale*. La vallée d'Ossau réclamant à l'Etat 201 arpents 3/4 usurpés par les Barnabites, l'Etat généralisa cette question, en contestant même à la vallée la propriété du Pont-Long. Néanmoins, les Ossalais ont fini par triompher sur ces deux points; mais le Pont-Long qui leur reste, n'a plus son étendue primitive.

La fondation de l'hôpital de *Gabas*, au fond de la vallée d'*Ossau*, doit être contemporaine de celle de l'hôpital de *Lespiau*. Comme *Gabas* fut bâti par le Béarnais, *Guillaume-le-Prieur*, qui occupa le siége archiépiscopal de Pampelune, de 1115 à 1122, c'est entre ces deux années qu'il faut placer sa construction. Gaston IV, vicomte de Béarn, en fournit les fonds et, en outre, accorda pour cette maison religieuse, toutes les immunités et franchises désirables. On a cru que ce prince, revenant de Saragosse, mourut à Gabas, après y avoir élu sa sépulture. Mais Marca le fait périr en Espagne, dans une embuscade que lui tendirent les Maures, et cet auteur ajoute que le corps de Gaston fut transporté à Saragosse et enseveli dans l'église de Notre-Dame-du-Pilier, où l'on conserva ses éperons de chevalier et son cor de guerre. — Gabas, du reste, devint une annexe de l'hôpital de Sainte-Christine, dont il n'était distant que de douze kilomètres, et les chevaliers, les pèlerins, les marchands comme tous les autres voyageurs, y trouvèrent le même abri et les mêmes secours.

Ces religieux achetèrent bientôt après, sur la rive gauche du gave de Pàu, une grande étendue de terrain nommé *Nay* et où existait, quelque temps auparavant, un bourg alors démoli. Le prix en fut de 360 sols et d'un cheval. C'est là que de concert avec *Marguerite*, comtesse de Foix et vicomtesse de Béarn, *Raymond Arnaud*, commandeur de *Gabas*, fit bâtir l'église et la ville de *Nay*. En vertu du paréage qu'ils conclurent entre eux, cette princesse retint la justice haute, moyenne et basse, avec le moulin, sauf le dixième des émoluments qui furent attribués avec la dîme du lieu et l'église, à l'hôpital de Gabas. Nay devint bientôt l'une des villes les plus riches et les plus commerçantes du Béarn.

Beaucoup d'autres établissements de cette nature surgirent à cette époque du moyen-âge dans la vallée d'Ossau. En même temps que des malfaiteurs y cherchaient un asile contre la justice des vicomtes de Béarn, les hommes religieux demandaient à ces belles retraites un refuge contre les passions et les désordres du monde. Nous citerons entre autres, l'abbaye de Bielle, qu'avait fondée *Galin Loup*, vicomte d'Ossau, de concert avec l'évêque d'Oloron, antérieurement à l'avénement des vicomtes de Béarn. L'église de ce couvent s'enrichit et s'orna des restes du temple ou *villa*, dont nous avons déjà parlé.

Au sein de cette vallée dont les libertés par trop étendues se trouvaient ainsi tempérées par la religion, on s'étonne de heurter à des restes de servitude. Nous voulons parler des *serfs questaux* tellement attachés à la glèbe, qu'il ne leur était permis de quitter, sous aucun prétexte, la terre de leur seigneur. Le *Trésor de Pau* contient l'indication de deux contrats d'affranchissement de *questaux* consentis par le seigneur de *Louvie-Souviron*, l'un du 22 novembre 1402 et l'autre du 3 juillet 1414, ainsi que d'un dénombrement de l'an 1538, où *Jehan de Louvie*, seigneur de *Louvie-Souviron* et autres lieux, déclare les droits qu'il a sur neuf familles de *questaux*, au lieu d'*Aas*, village situé à l'entrée de la gorge qui remonte aux Eaux-Bonnes. (1)

L'établissement du calvinisme dans le Béarn fut précédé de la destruction de Nay, qu'avaient fondée les religieux de Gabas. Durant les fêtes de la Pentecôte, de l'an 1543, « deux ou trois « météores enflammés se précipitèrent du haut « des airs sur cette ville et la réduisirent en « cendres....... De 5 à 600 maisons dont elle « était composée, une seule échappa aux fu-« reurs de l'embrasement. » (*Poeydavant.*)

Les uns considérèrent ce malheur comme un châtiment du ciel, à raison des mauvaises mœurs des habitants et des vices du clergé; les autres, comme un signe des troubles et des

---

(1) D'après les *Variétés bordelaises* (*passim*) les anciens habitants du pays bordelais auraient été également, en majeure partie, serfs questaux. Les habitants de Lesparre, en Médoc, furent affranchis de cette servitude, par une charte de Sénébrun, leur seigneur, du jour de la Nativité de saint Jean-Baptiste, de l'an 1265, avec cette réserve toutefois qu'ils ne pourraient former une commune, ni avoir un sceau (*ne faran entre etz establiment, ni faran saget ni communia*). C'est peut-être cette restriction qui servit de prétexte à un procès ultérieur entre ces mêmes habitants et leur seigneur, au sujet de leur condition de questaux. Pour y mettre fin, le comte de Huntington, lieutenant en Guienne, pour le roi d'Angleterre, déclara les affranchir de toute servitude, par acte du 14 décembre 1439. — Dans le pays de Buch, non-seulement le captal, mais encore plusieurs de ses vassaux possédaient des *questaux*, et le duc de Lancastre, devenu duc de Guienne, promit, dans un traité passé, le 13 mars 1394, avec *Archambaud de Greilly*, captal de Buch, de ne pas accorder à l'insu

guerres qui, dans ce même siècle, mirent à feu et à sang toute la France. La protection que Jeanne d'Albret accorda, bientôt après, à la Réforme, fournit le prétexte au roi d'Espagne, Philippe II, de tramer en Béarn, sous le masque de la religion, une conspiration dont le but était d'enlever cette princesse avec Henri, son fils encore enfant, de les livrer à l'Inquisition et d'obtenir de ce tribunal un arrêt de confiscation à son profit de la principauté de Béarn. Un domestique de la reine d'Espagne, qui pénétra ce complot, en ayant fait prévenir sa maîtresse, celle-ci s'empressa d'en écrire, en chiffres, à l'ambassadeur de France, et l'on a soupçonné que cette démarche fut l'une des causes de la

---

de celui-ci et sans connaissance de cause, des lettres de sauvegarde aux *serfs questaux*, ou *ascriptices* (1) de ce seigneur, ou de ses vassaux, en vertu desquelles ils pussent les attirer par devant les juges royaux, pour obtenir leur liberté et franchise. Il paraît même que c'est à la demande du seigneur de Candalle, captal de Buch, que lors de la rédaction de la *Coutume de Bordeaux*, on y inséra l'article 97, ainsi conçu : « *Item*, et les seigneurs jouiront sur leurs questaux de tels « droits, qu'ils ont accoutumé, et qu'est contenu en leurs « instruments : sauf si les questaux viennent alléguer aucune « chose dedans deux mois. » (V. sur cette question curieuse, automne, *Coutume de Bordeaux*, art. 97, p. 484 et suiv.) — Quant au pays de Béarn et aux vallées dépendantes de cette principauté, les charles relatives à la seigneurie de *Lourie-Soaviron* paraissent être les seules où il s'agisse de questalité. Lorsqu'il s'élevait la question de l'*état* de ces *questaux*, c'est à la *cour majour* que l'on en référait.

---

(1) *Adscripti glebœ coloni*, chez les Romains.

mort de l'infortunée Elizabeth. Jeanne d'Albret était en marche pour les Eaux-Chaudes, assure-t-on, et courait ainsi au devant du piége qu'on lui tendait, lorsqu'elle fut rejointe à *Bielle*, dans la vallée d'Ossau, par *Muneing* et *Gontaut d'Audoux*, qui la prévinrent des dangers dont elle était menacée. Cet événement est de l'an 1564.

Ce ne sont pas les Ossalais qui auraient prêté les mains à cette conspiration. Déjà naturellement attachés à leur souveraine, leur conversion à la nouvelle doctrine fut un lien de plus pour eux. Cette conversion s'étendit dans toute la vallée, le village de Bescat seul excepté, et toutes les églises se trouvant fermées au culte catholique, les habitants de Bescat se virent forcés d'aller, tous les jours d'obligation, entendre la messe à Saint-Pé-de-Générès, en Bigorre.

Aussi, lorsque Terride s'empara du Béarn, au nom du roi de France, le syndic de la vallée d'Ossau, trahissant les désirs de ses compatriotes, commit à la vérité la faute de reconnaitre l'autorité de ce chef étranger; mais il fut désavoué par ses commettants, et voici la lettre menaçante que leur valut leur fidélité envers la reine de Navarre. *Olhagaray* affirme l'*avoir extraite de son original :*

« Messieurs les jurats et habitans de la vallée d'Ossau, nous avons été avertis (à notre grand regret), qu'à la persuasion de quelques-uns, vous avez délibéré vous désunir et séparer du corps de tout le pays et quitter la protection du Roi, laquelle vous avez volontairement reçue avec tous les États du pays, ce qui nous scandaliserait grandement et inciterait tout le pays à vous courir sus, comme proditeurs de la patrie. Par quoi nous vous avons voulu exhorter et prier, pour votre grand bien et profit et repos public, de continuer en la dite protection et vous venir joindre avec tout le corps. Et à faute de faire à ce coup votre devoir, comme chacun a délibéré de faire, nous serons contraints, pour le devoir de notre charge, vous publier traîtres et proditeurs, atteints et convaincus de crimes de lèze-majesté, et comme tels vous punir et confisquer vos biens. Toutefois nous espérons que ne vous ferez un si grand tort, vous priant nous avertir de votre volonté, laquelle nous prions Dieu être autre que le rapport qui nous a été fait.

« De Pau, le 16e d'août 1569.

« Vos bons amis et très-affectionnés les gens du Parlement.

« *Par mandement du Parlement,*

« J. DE BORDENAVE. »

Ce corps ou conseil souverain venait d'être formé, le 5 juillet précédent, sous la pression de Terride, dans l'assemblée des trois Etats de Béarn, et c'est Henri de Navailles, sieur de Peyre et gouverneur de Pau, pour le roi de France, qui provoqua ces menaces dont il devait être l'exécuteur. Or, pour apprécier ce qu'elles avaient de sérieux, voulez-vous connaître Henri de Navailles? Ecoutez ce qu'en dit Olhagaray, sous la même date:

« Le sieur de Peyre commença à faire pendre
« les ministres à Pau, avec quelques-uns de la

« religion qui étaient prisonniers avec eux. Il
« n'épargna pas les présidents ni conseillers ;
« car, le 12 d'août, le sieur Guillaume de la
« Vigne, président, et Antoine Pourrat et Au-
« gier de Plantier, ministres, furent exécutés.
« La forme est odieuse et détestable ; car, après
« souper, il les faisait descendre de la prison,
« et soudain les livrait és mains du bourreau,
« qui les menait au gibet, avec deux tambours
« et deux fifres, et sa femme les suivait, pour
« avoir le passe-temps. S'il ne faisait pas cela le
« soir, en se couchant, il prenait conseil de ses
« gens qui l'avisaient, qui serait propre pour
« leur donner à leur lever du plaisir. Le sieur
« de Monluc avait écrit à M. de Terride de gar-
« der deux des plus chéris des ministres, com-
« me *Viret* et quelque autre, pour recouvrer son
« guidon, qui était prisonnier à Montauban, ce
« qu'il fit par force, car on ne lui donna pas loi-
« sir de continuer ses cruautés (1). »

( ) funeste aveuglement de l'esprit de parti ! Voilà Olhagaray qui flétrit avec raison la cruauté d'un chef catholique,
lui qui au lieu de flétrir également la cruauté du comte de
Montgommery, parle en ces termes de ce terrible chef des religionnaires :

« Cette entière victoire (prise d'Orthez) trouvant en son
« triomphe les chefs prisonniers, fut assaisonnée de la sage
« clémence du comte, qui bien usant de la victoire, acheva
« le nom d'auguste et le consacra à l'honorable mémoire de
« la postérité. »

Et plus loin, l'historien de Foix raconte ce qui suit, sans
aucune indignation, parce que Montgommery, maitre de Pau,
en fut l'auteur :

Montgommery s'étant rendu maître de la ville de Pau, les menaces de l'éphémère parlement, dont s'étaient ri les Ossalais, s'en allèrent en fumée. Mais le triomphe de la cause des réformés, en Béarn, donna lieu à des représailles de leur part, et les effets s'en étendirent jusques dans la vallée d'Ossau, où les églises et les maisons religieuses n'eurent pas moins à souffrir que celles des autres Etats de la reine de Navarre. « On sait qu'au lieu de Bielle était an-
« ciennement une abbaye de bénédictins, des
« bâtiments de laquelle on aperçoit encore les
« vestiges, et dont l'église remarquable par sa
« vaste étendue et sa construction gothique,
« sert même d'église paroissiale à ce lieu. Ainsi
« les domaines, les fonds appartenant à ces
« fondations diverses, furent alors pillés, rui-
« nés, envahis par l'hérésie et l'avarice, avec un

« ... Le comte étant venu à Pau, voyant tout le pays
« vendangé des rebelles et ennemis de la Reine, fit rendre
« grâces à Dieu publiquement par *Pierre Viret*, qui prit le
« sujet du psaume 124. Et, le 24 d'août, deux des princi-
« paux factionnaires furent pendus, *Bertrand de la Torre*, dit
« *Audios*, et *Jacques du Puy*, chanoines de Lescar. L'on fit
« aussi mourir les seigneurs de *Gerderest*, de *Sainte-Colombe*,
« *Gohas*, *Abidos*, *Candau*, *Salies*, *Sus*, *Pardiac*, et le 25
« d'août, il remit les anciens officiers en leur état et la jus-
« tice en sa première splendeur. »

Notez que *Gerderest*, *Sainte-Colombe*, *Gohas*, *Abidos*, *Candau*, *Salies*, *Sus* et *Pardiac*, auxquels il faut ajouter *Aydie* et *Favas*, sont ces mêmes prisonniers faits à Orthez, et au sujet desquels *Olhagaray* vient de vanter la clémence auguste de Montgommery.

« très grand nombre d'autres servant à de sem-
« blables établissements.

« .... Le nommé *Mongai*, accompagné de
« plusieurs soldats, prit dans la maison sei-
« gneuriale de *Sévignac*, six calices, une custo-
« de d'argent et plusieurs ornements d'église
« très-riches, qui valaient plus de 10,000 fr. et
« qu'on y avait peut-être mis en réserve pour
« s'en servir au premier moment favorable. Ils
« tombèrent par ce moyen entre les mains
« d'Arros, qui avait grand soin de se faire ren-
« dre compte de ces captures et de faire mon-
« noyer les calices, pour subvenir aux besoins
« de la reine et à ceux du pays. » (*Poeydavant.*)

Ici nous ne pouvons retenir par devers nous cette triste réflexion : ne vous semble-t-il pas que nous venons de lire une page de l'histoire de 1793 ?

Mais lorsque Henri de Navarre eut succédé à sa mère, lorsque surtout, obligé de s'en aller guerroyer au loin, il laissa le gouvernement du Béarn à sa sœur Catherine, les catholiques respirèrent, aussi bien dans la vallée d'Ossau que dans les autres États du roi de Navarre, qui devint roi de France, en 1589 ; et jusqu'au rétablissement complet de la religion catholique, en ces mêmes lieux, nous n'avons à parler que d'un seul fait d'armes intéressant les montagnes, objet de notre livre.

C'était en 1592. Une révolte qui venait d'éclater en Aragon, donna l'idée au conseil de Catherine de Bourbon, de tenter une invasion dans ce pays. *Incamps*, qui commandait pour la régente, dans la vallée d'Ossau, fut chargé de cette entreprise, et voici quel fut le plan de campagne.

Deux avant-gardes devaient marcher sur *Jaca*, l'une par la vallée d'*Ossau*, et l'autre par la vallée d'*Aspe*. *Incamps* avait ordre de les suivre, avec le corps d'armée composé de 6,000 hommes réunis à Oloron.

Vers la fin de janvier, les troupes rassemblées dans la vallée d'Ossau, se mirent en marche à travers des montagnes difficiles en été et que l'hiver rendait presque impraticables. Ils cheminaient sur une longue file, gravissant d'étroits sentiers pavés de glaces, et cotoyant des précipices, plus hardis que les isards et les ours qui avaient déserté ces gorges âpres et désolées. Des pionniers ouvraient à cette troupe son chemin, avec le pic et la hache. Douze soldats aragonais, armés de hallebardes et d'arquebuses, lui servaient de guides. Puis venait l'infanterie; après cette infanterie (qui le croirait!) un corps de cavalerie !

Ils parvinrent ainsi jusqu'au *Pas de Sainte-Hélène*, non sans éprouver des pertes notables, plusieurs de ces Béarnais ayant péri de fatigue ou de froid ; d'autres ayant disparu dans des abîmes.

Sur ces entrefaites, Alphonse de Vergas, gouverneur d'Aragon, qui avait été prévenu de cette aggression, venait de se porter, à marches forcées, de Saragosse sur *Jaca*, où il se renferma, avec 3 ou 400 hommes. D'un autre côté, des montagnards des deux sexes, gravissant les hauteurs qui dominent le *Pas de Sainte-Hélène,* firent pleuvoir sur les assaillants, quand ils s'y présentèrent, une grêle de pierres et de rochers, pendant que d'autres Aragonais bien armés défendaient de front ce défilé, sans crainte d'être tournés. Pourtant, le *Pas de Sainte-Hélène* fut forcé, et les montagnards tués ou dispersés. On y fit même prisonniers deux gentilshommes espagnols qui avaient dirigé cette embuscade.

Les Béarnais réussirent, par conséquent, à envahir la vallée de Thène et à pousser jusqu'à *Viescas*, ville distante de *Jaca* de 20 kilomètres.

Mais *Incamps* ne parut point, et l'on ne sait ce que devint le corps qui devait déboucher en Aragon par la vallée d'Aspe. D'un autre côté, les Béarnais, tous calvinistes, se mirent à piller les églises, et à briser les madones ainsi que les images des saints, malgré la promesse faite aux révoltés de ce pays de respecter leur foi. Cette conduite, aussi criminelle qu'imprudente, leur aliéna toute la population, qui se leva en masse, pour les expulser du pays, grossie par les habitants de la ville de Huesca, et de tous les lieux circonvoisins. Alphonse de Vergas tomba comme la foudre sur les Béarnais, qu'il surprit dans Viescas et qu'il chassa de cette ville, malgré leur résistance et leur bravoure. Forcés à la retraite par la supériorité du nombre, les Béarnais s'étaient repliés sur le *Pas de Sainte-Hélène*, où ils essayèrent de tenir et d'où ils furent chassés aussi, après un combat opiniâtre et sanglant. On a cité un *Martin Lanusse*, servant dans la cavalerie, qui, pour se sauver, tua son cheval, et se mit à gravir les monts voisins, avec plusieurs de ses compagnons, fuyant les balles ennemies et courant aux précipices.. Pendant tout un jour, les Aragonais les aperçurent sur ces hauteurs glacées ; et puis, on ne sut ce qu'ils étaient devenus.

Le gros de la troupe s'étant divisé en deux bandes, l'une toujours harcelée par l'ennemi, passa le port de Lavedan et descendit dans la vallée de Cauterets. Mais les Béarnais y retrouvèrent les haines religieuses, et les montagnards catholiques leur courant sus, les détroussèrent, après les avoir fort maltraités. L'autre bande regagna directement le Béarn, laissant bon nombre de prisonniers aux mains des Aragonais.

Alphonse de Vergas renvoya la plupart de ces prisonniers à Catherine de Bourbon, pour avoir occasion de lui faire dire que cette tentative *n'était qu'un ouvrage de femme,* sarcasme qu'il n'aurait pas eu *la gloire* de se permettre, si le général en chef, *Incamps,* avait suivi ces véritables *enfants perdus*, avec son corps d'armée.

―

Depuis le règne de Louis XIII, jusqu'à nos jours, l'histoire de la vallée d'Ossau se confond avec celle du Béarn et n'offre plus un seul fait qui soit personnel aux Ossalais.

2. Nous voici parvenus, d'ailleurs, au pont *Germe*, jeté sur le gave d'Ossau, et, par conséquent, au bord riant de la vallée que ce gave féconde et embellit. *Ossau, Ursi Saltus,* le *Pas-de-l'Ours,* si c'est là ton étymologie, combien tes vallons et leurs habitants protestent aujourd'hui contre cette dénomination ! Au sein de ces douces retraites, dans ces replis du manteau de velours vert qui recouvre tes formes gracieuses, que ton peuple est bienveillant et hospitalier ! Nous venons à peine de dépasser le gros village d'*Arudy* resté sur notre gauche, et nous n'avons pas encore atteint celui d'*Izeste,* que déjà l'hospitalité béarnaise s'est manifestée à nous par le salut amical des Ossalais et par le joyeux sourire des Ossalaises. Pour peu que l'on fût disposé à la fatuité, on prendrait facilement l'accueil de ces dernières pour des provocations, et c'est peut-être à cette disposition qu'il faut attribuer l'opinion peu favorable de quelques voyageurs au sujet des filles de la vallée d'Ossau. Peut-être aussi cette opinion n'est-elle qu'une méprise. Assurément nous n'irons pas jusqu'à dire, avec *Richard,* qu'il est bien rare de les voir céder à la séduction *et que depuis bien longtemps on n'y a pas vu d'enfant naturel.* Nous n'oserions pas affirmer non plus qu'il n'est rien resté dans le sang ossalais de l'alliage que durent y introduire autrefois ces libertés excessives dont nous parlions naguères. Mais gardons-nous, d'un autre côté, de confondre les jeunes indigènes de ces montagnes

avec ces femmes qui infestent en été la route des Eaux-Chaudes et des Eaux-Bonnes où elles vont faire trafic de tout, même d'une pudeur qu'elles n'ont plus. Celles-ci ne sont pas des Ossalaises. Entre le maintien des unes et des autres, vous trouverez la même différence qu'entre la franchise et l'impudence.

Durant notre séjour dans la vallée d'Ossau, nous eûmes l'occasion d'apprécier la gaîté de bon aloi des honnêtes Ossalaises. C'était par une belle soirée d'un dimanche de septembre ; nous nous rendions à la grotte d'*Espalungue*, que l'on trouve à quelque distance sur la droite de la route, entre Arudy et Izeste. Dans une grande prairie que peuplaient de nombreux troupeaux, nous fîmes la rencontre d'un groupe de jeunes pasteurs, qui jouaient aux cartes sur l'herbe et paraissaient se préoccuper assez peu, à l'instar de ce qui se passe dans nos salons, d'un groupe de jeunes filles que nous vîmes plus loin, et dont quelques-unes néanmoins avaient de la beauté. Ces dernières, debout et les bras entrelacés, faisaient redire aux échos des montagnes non pas des chants de leur pays, mais bien des couplets français, langue que les Ossalaises parlent aussi bien que les vaches d'outre-monts, leurs voisines. Nous hasardons ici une autre observation : c'est que par suite de leur désir de se faire entendre au loin, dans ces montagnes, leurs intonations prolongées et en quelque sorte lamentables, donnent aux airs les plus vifs et les plus gais, un caractère de complainte.

Ils nous suivirent tous à la grotte d'Izeste, et même deux de ces Ossalaises, prenant en pitié l'âge avancé de l'un de nous (vous avez deviné sans doute de qui nous parlons), lui prêtèrent leur main pour l'aider à franchir les murs à hauteur d'appui qui divisent cette prairie en plusieurs compartiments. Au bout de quelques minutes, on nous eût pris pour de vieux amis.

Lorsque nous eûmes payé, pour eux comme pour nous, le droit d'entrée sous les voûtes que nous voulions visiter, les voilà, jeunes filles et jeunes montagnards, qui s'y précipitent pour nous y devancer, à la lueur de ces feux de paille dont la fumée finira par gâter ces cristallisations. La grotte d'*Espalungue* a 150 mètres environ de profondeur sur une largeur fort inégale. L'entrée en est facile, mais le sol parsemé de stalagmites qui le rendent presque dangereux pour les visiteurs. On s'y croirait, au surplus, avec un peu de bonne volonté, dans le palais de quelque génie, tant on y heurte à des créations merveilleuses, qu'avouerait l'imagination la plus riche et la plus féconde. Ici, ce sont des pyramides, des dômes, des tours, des créneaux ; là des colonnades et des portiques ; plus loin des cascades ou des jets d'eau qu'une congélation instantanée semble avoir surpris et qui sont pourtant le produit d'une cristallisation opérée goutte à goutte. En d'autres lieux, vous aurez à admirer des trônes dignes d'un Charlemagne ou d'un Napoléon ; des chaires dignes d'un

Bossuet ou d'un Lacordaire ; des tribunes dignes d'un Mirabeau, d'un Guizot ou d'un Berryer... Enfin, à côté de la symétrie, le désordre ; et partout de la magnificence !

Au reste, ce léger croquis que nous venons de vous fournir, ce n'est pas dans cette dernière circonstance que nous l'avons pris. Nous l'avouerons volontiers, ces jeunes pasteurs et leurs compagnes, chantant, bondissant autour de nous et se groupant deux à deux, ou en plus grand nombre, sur des stalagmites qui leur servaient de piédestal, les uns fortement éclairés par les feux que le guide venait d'allumer, les autres fuyant comme des ombres fantastiques à travers les colonnades et les portiques... il y avait là de quoi nous distraire des choses inanimées.

Au retour, c'est-à-dire sur le seuil même de ce souterrain, le guide mit le feu à la brassée de paille qui lui restait, et ces jeunes fous se prenant tous par la main, couronnèrent la fête en chantant et dansant une ronde autour de cette flamme joyeuse autant que passagère. Après quoi, et la nuit survenue, il fallut bien, cette fois, finir, comme toujours....... par se séparer.

Mais que ces distractions ne nous détournent pas de notre devoir de *cicerone* ! En conséquence, nous ajoutons ici que la grotte d'*Espalungue* a sa légende ; qu'au dire des Ossalais, une armée de Maures s'y réfugia, lorsque Charles-Martel les eut défaits près de Tours et que, sous ces voûtes, dont on ignore, assure-t-on, quelques ramifications, ils enfouirent de grands trésors. Une chanson recueillie par Gaston Sacaze donnerait à penser que ces lieux servirent aussi de refuge aux Ossalais, contre les Maures. Nous la reproduisons ici :

Alerte, alerte, amigous !
Lous Mourous sou près de nous.
Si nou embam à l'Espalungue,
Bé en sy saberan trouba.
Quittem, quittem, *chere Aurungle*,
Sarrem biste lou bestia !

Sarrasis ingrats, cruels,
Yamey nou'b seran fidels.
Qué poudets pilla bourgades,
Tabé planta pilourets.
Habitans de la contrade,
Quittem ta d'autes endrets !

Diü ! quin déso ! quin chegri !
Lou mé pay qu'an héyt péri.
Debaren biste la coste,
Dinco Gere et Monplési.
Attaquem lous aban-postes ;
Qué quaü ou benque ou mouri !

La gran ciutat d'Aülorou
Qu'a combattut dap aünou,
Queous a dat û maü de bente,
Qui longtems lous durara.
Aüssalés, à son exemple,
Gran combat quous quaü libra.

> Bilheres et Casterés (Castets),
> U de bous aūts qu'en baū trés.
> A las bordes de trés casses
> Cent trente n'abetz aücit :
> Dessus la mediche place,
> Lous qu'y aben son perit. (1)

Nous saluâmes, en passant au village d'*Izeste*, la maison où naquirent les *Bordeu*, médecins renommés. Dans l'été de 1856, leur digne descendant, M. *Clément de Bordeu*, maire de cette commune, sauva, au péril de sa vie, un enfant qui se noyait dans le gave, ainsi qu'un de ses compatriotes qui allait périr pour s'être jeté, dans le torrent, au secours de cet enfant.

---

(1) Alerte, alerte, mes amis ! Voici les Maures ! Si nous ne gagnons pas l'Espalungue, ils ne manqueront pas de nous joindre. Fuyons, fuyons, *chère Aurungle !* renfermons vite le bétail !

Sarrasins ingrats et cruels, jamais nous ne nous soumettrons à vous. Vous pouvez piller des bourgades et même dresser des instruments de supplice (?). Habitants de la contrée, abandonnons les autres lieux (?).

Dieu ! quelle désolation ! quel chagrin ! Ils ont fait périr mon père ! Descendons vite la côte, jusqu'à Gere et Monplaisir. Attaquons leurs avant-postes ; il nous faut vaincre ou mourir.

La grande cité d'Oloron a combattu avec honneur. Elle leur a donné un mal de ventre, qui ne leur passera pas de longtemps. Ossalais, il faut, à son exemple, leur livrer un grand combat.

Habitants de Bilhères et de Castets, un de vous en vaut trois. Aux bordes de trois chênes, vous en avez tué cent trente. A la même place, ceux qui s'y trouvent sont morts. (?).

Louvie-Juzon touche presque à *Izeste*. Mais *Louvie* repose sur la rive droite du gave, n'ayant sur la rive gauche que 3 ou 4 maisons, notamment un grand hôtel qui reçoit (nous ne disons pas accueille) les voyageurs arrivés par les routes d'*Oloron*, de *Pau* et de *Nay*, car c'est au bout du pont de ce village qu'aboutissent ces trois routes, pour traverser, réunies, la seconde plaine de la vallée d'Ossau.

Nous venons de dire la seconde plaine, parce que de *Louvie-Juzon* à *Castets* (l'ancien *Castelgelos*), la vallée se trouve fort resserrée entre les rochers de gauche et de droite, qui ne laissent au fond de ce court défilé que la place nécessaire au gave et à la route. La vallée d'Ossau se trouve ainsi divisée en deux plaines qui rivalisent de beauté et de richesse. Nous venons de traverser la première que peuplent notamment les villages d'*Arudy* et d'*Izeste*, assis sur la rive gauche du gave, et ceux de *Bescat*, de *Sérignac* et de *Louvie-Juzon*, sur la rive droite. Dans la seconde plaine, nous ne tarderons pas à rencontrer, ou du moins à apercevoir, *Bilhères*, *Bielle* et *Laruns*, sur la rive gauche; *Castets*, *Asté*, *Louvie-Souviron*, *Béos*, *Assouste*, sur la rive opposée. Nous l'avons dit ailleurs, c'était là jadis la vallée proprement dite.

Nous connaissons déjà *Castets* ou *Castelgelos*. Nous savons que les vicomtes de Béarn visitaient quelquefois ce château et qu'ils y donnaient des tournois. Il est difficile de passer sans émotion devant ces sites dont de telles ruines rehaussent le prix. Elles nous inspirèrent, dans notre jeunesse, des vers que nous vous demandons la permission de transcrire ici. C'est là l'une de ces redites de vieillard dont nous vous avions menacés :

D'Ossau *Castelgelos* protégeait la vallée.
Veuve des feux du jour, quand la voûte étoilée
Changeait son bel azur en un voile de deuil,
 De ses enfants terminant la veillée,
 Le montagnard disait avec orgueil :
Le soleil, mes amis, a fourni sa carrière ;
 Mais au château j'entends un son guerrier !
Un astre moins brillant éclaire sa bannière,
 Et je vois sa pâle lumière
Scintiller, dans la nuit, sur des casques d'acier.
  En vain de ses remparts de glace
  L'affreux Espagnol nous menace !
  Jusques au jour reposons nous !
Au château du vicomte on veillera pour tous.

  Mais du lion quand l'haleine enflammée
   Du Béarn brûlait les sillons ;
   Quand le printemps au sein des monts,
   Cachant sa parure enbaumée,
Aux cristaux des glaciers appendait ses festons ;
 Lorsque la cour, dans Orthez rassemblée,
   Vers ces lieux prenait son essor,
   D'autres tableaux venaient encor
   Charmer la paisible vallée ;
 Alors Ossau voyait la pourpre et l'or
 Resplendissant sur la tour crénelée,
 Et les varlets et les pages joyeux,
   Et les écharpes ondoyantes,
   Et les damoiselles tremblantes
Qui pourtant à leurs pieds faisaient trembler les preux.

L'une d'elles, un soir, empressée et craintive,
Descendit seule les sentiers
Qui du gave atteignaient la rive ;
Elle y trouva le plus beau des guerriers :
C'était Gaston, l'honneur de la chevalerie ;
C'était la noble Stéphanie,
L'amour de tous les chevaliers.
Le gave protégeant leur amoureuse ivresse,
Leur prêtait, chaque jour, ses détours les plus frais,
Et le bruit de ses flots cachait aux indiscrets
Les doux aveux de leur tendresse.
Mais à la cour est-il de tels secrets ?...

Ce soir, d'un amant qui supplie
Gaston n'a plus le ton ni le regard,
Et la terreur comme un poignard
Glace, en le pénétrant, le cœur de Stéphanie.
Dieux ! pour un rendez-vous quel appareil guerrier !
De son amant c'est le coursier
Bardé de fer et de combats avide !
En trépignant, l'animal intrépide
Fait retentir contre le bouclier,
La hache qui jamais, dans son vol homicide,
Ne trompa ni la main ni l'œil du chevalier.

— Quoi ! vous partez, s'écria-t-elle ;
Et sur le sein de son amant fidèle
Mourante elle alla s'appuyer,
Et son regard implora grâce,
Et sa main rechercha la place
D'un cœur qui frémissait sous les mailles d'acier.

— Je pars ! oui, je pars, Stéphanie !
L'honneur le veut ; Ramire osa nous outrager,
Et notre amour qu'il calomnie
Veut du sang, veut sa vie !
Je pars pour vous venger!

L'honneur le veut !... C'était la loi suprême !
Et si le gant était jeté,
Contre l'ordre du prince et de la beauté même,
L'arrêt de mort était exécuté.
Aussi la triste Stéphanie
Ne chercha point à désarmer Gaston ;
Mais cette noble et tendre amie,
La mort au cœur et la mort sur le front
De ses adieux prolongea l'agonie.
En la quittant, de son amour
Il reçut, hélas! la promesse
Qu'aux mêmes lieux, à son retour,
Il retrouverait sa maîtresse ;
Et le chevalier plein d'espoir,
Partit, en lui disant : « A demain ! Au revoir! »

Le lendemain, à la même heure,
Stéphanie a quitté la gothique demeure ;
Elle a revu le gave et ses heureux détours.....
Mais quel aspect cruel attend l'infortunée,
Aux lieux où leur foi fut donnée,
Aux lieux témoins de leurs amours !
Près de la rive, un guerrier qui succombe,
Blessé, couvert de sang et promis à la tombe,
En la voyant, sur l'un de ses genoux
Se lève avec effort...., retombe,
Et dit : « Je meurs au rendez-vous !...

Le village de *Bielle* mérite de la part des curieux en général, et des archéologues en particulier, une longue visite. Nous avons déjà parlé des mosaïques et des fondations romaines que l'on y découvrit, en 1842. Ces restes précieux ont donné lieu déjà à plusieurs écrits. Mais M. Chateauneuf, curé de Bielle, prépare un travail qui complétera et rectifiera tout ce que l'on a dit jusqu'ici, au sujet de ces mosaïques. Nous en avons pour garant l'érudition qu'il a bien voulu mettre à notre disposition et à laquelle nous nous sommes permis de faire de nombreux emprunts.

L'église primitive de *Bielle* fut détruite par les barbares, qui n'en laissèrent subsister que les murs de l'abside. Relevée par les vicomtes d'Ossau, elle ne tarda pas à subir d'autres mutilations, et c'est sur ces nouvelles ruines que les Bénédictins, secondés par les seigneurs du pays, comme par les vicomtes du Béarn, élevèrent l'église actuelle de Saint-Vivien, classée, de nos jours, parmi les *monuments historiques*. Mais ce dernier temple ne fut pas épargné par les routiers et par les Espagnols. Puis, vinrent les protestants, les terroristes, et, nous regrettons de le dire, de plus modernes barbares qui n'ont pas commis les moindres dégradations, en ces lieux, malgré le double respect artistique et religieux qui aurait dû les protéger. Le cloître de l'abbaye de Bielle avait à l'un de ses bas-côtés un tombeau roman, formé de deux colonnettes à chapiteaux corinthiens et d'une arcade à plein cintre simulée et relevée d'une archivolte à simple tore. Dans un *atrium* formé de murs très-bas, s'élevaient quatre pilastres en pierre de grand appareil et supportant la toiture. On y voyait deux tombeaux de marbre blanc, qui avaient reçu, l'un les vicomtes d'Ossau, l'autre les abbés de Bielle. Autour de ces chefs, et sous des pierres tumulaires plus modestes, dormait leur garde respective de chevaliers et de religieux. Le cloître a été détruit et ces tombeaux jetés pêle-mêle aux pieds des contre-forts de l'église, acte de vandalisme commis en plein XIXe siècle, et au mépris des ordres contraires de l'autorité supérieure.

Comme nous l'avons énoncé déjà, l'église de Saint-Vivien s'était enrichie de beaucoup de marbres trouvés dans les fondations romaines signalées plus haut. C'est ce que constate M. Charles Lecœur, dans son *rapport* à M. le ministre de l'instruction publique, *sur les mosaïques de Bielle* (V. le *Bulletin* du Comité de la langue, de l'histoire et des arts de la France, t. 2, p. 391 et suiv.). Nous citerons principalement les quatre colonnes de marbre jaspé de blanc et de bleu qui décorent l'autel. Henri IV les ayant demandées, pour en orner l'un de ses palais, « sire, lui répondirent les habitants de Bielle, « bous ets meste de nouses coos et de nouses « bés ; mei per ço qui es deus pialas d'eu tem« ple, aquets que soun à Diou, d'ab eth qu'ep « at bejats. » (1)

---

(1) « Sire, vous êtes maître de nos cœurs et de nos biens ; « mais pour ce qui est des piliers du temple, ceux-là appar« tiennent à Dieu ; vous avez à vous en arranger avec lui »

A l'occasion de cette réponse si fine et si délicate, nous empruntons cette autre anecdote, aux lettres de M. I...., sur les *Eaux-Bonnes* :

« On raconte qu'un jour que le président des États de Béarn donnait à dîner aux représentants des communes, quel-

Au fond de la vallée d'Ossau, c'est-à-dire au pied des montagnes où s'ouvrent les deux gorges remontant, l'une aux *Eaux-Chaudes* et l'autre aux *Eaux-Bonnes*, on trouve *Laruns*, chef-lieu du dernier canton de France, dans cette direction. Cette petite ville n'a de remarquable que son site qui participe de la grâce de la vallée et de l'âpreté des monts qui la dominent, avec leurs sombres forêts de sapins, dont la chevelure secoue parfois des flocons de neige sur cette petite ville. L'administration municipale a élevé sur la place de *Laruns* une belle fontaine de marbre, et pour s'en procurer les matériaux, il n'a pas été nécessaire d'aller les quérir au loin. La vallée est riche en carrières de marbres les plus estimés, et même presque en face de l'*Hôtel des Touristes*, où nous venons de descendre, nous apercevons, sur la montagne de *Louvie-Souviron*, la carrière de marbre statuaire, d'où sortirent, assure-t-on, les figures qui décorent la façade de la chapelle de Bé-

---

ques dames de Pau eurent la curiosité d'aller voir à table ces Solons presque tous montagnards. Mᵐᵉ de ***, pour égayer la compagnie, s'adressa à un de ces députés, paysan renforcé et riche possesseur de troupeaux, en le priant de siffler à la manière des pasteurs, quand ils appellent leurs brebis. Le Béarnais (il était d'Ossau), fin comme ils le sont tous, s'en défendit longtemps ; et, cédant aux pressantes instances de la questionneuse indiscrète, il se mit à siffler, mais très-doucement. — « Quoi ! vous ne sifflez pas plus fort ? — Jamais, « Madame, quand les bêtes sont près. »

tharram (2). — Du reste, nous ne saurions assez applaudir aux soins que prennent les habitants de *Laruns* d'embellir leur ville. Mais il leur reste beaucoup à faire, hélas !

Les travaux entrepris pour approprier l'*Hôtel*

---

(2) Nos lecteurs ne seront point fâchés, sans doute, de trouver dans la présente note les divers marbres signalés par *M. du Mège* (Stat. des dép. pyrén.), comme existant dans les vallées de la *Soule*, de *Barétous*, d'*Aspe* et d'*Ossau*, bien que ce travail méritât d'être complété, car il remonte déjà à 30 années.

VALLÉE DE LA SOULE.

Dans le territoire de *Laguinge* et de *Montory*, marbre gris, susceptible de recevoir un beau poli ; marbre blanc taché de rouge, qui s'étend jusques dans le val de *Burlanés*, embranchement de la vallée de Barétous ;

A *Licq*, à 6 kilomètres sud de Tardets, sur la montagne de *Lacurde*, et presque dans tout le quartier jusqu'au delà du confluent des gaves de Sainte-Engrâce et de Larrau, marbre gris susceptible d'un beau poli ;

Au delà du village de Larrau, au lieu nommé la *Muraille des Géants*, marbre gris susceptible d'un beau poli.

Au delà du village de Sainte-Engrâce, marbre gris susceptible d'un beau poli.

VALLÉE DE BARÉTOUS.

Dans le val de *Burlanés*, marbre blanc taché de rouge ;

Au village de *Verdets*, marbre grisâtre, contenant des paillettes de mica ;

Au village d'*Arette*, à la *pène d'Ourdi*, et à la montagne d'*Iré*, marbre gris foncé, prenant un très-beau poli.

VALLÉE D'ASPE.

A la *pène d'Escot*, marbre gris coquiller ;

Près des sources minérales d'*Escot*, marbre gris renfermant des cristaux de spath calcaire à trois pans ;

des Touristes, ont fait découvrir de vieilles fondations et quelques souterrains, du côté opposé à la place. De vieilles chartes placent une ancienne abbaye à *Laruns*.

A *Lourdios*, marbre gris traversé de veines spathiques;
Entre la *pène d'Escot* et le pont de *Lescun*, marbre gris;
A *Bedous*, marbre gris bleuâtre jaspé de nuances plus claires;
A *Lescun*, marbre vert uni;
A *Joueurs*, marbre comparé par M. *Palassou*, au marbre de Florence;
Au delà du village d'*Eygun*, marbre violet, marbre vert, blanc et rouge, marbre violet varié;
A *Etsaut*, au pont *Sibers*, au *Portalet*, marbre gris, marbre gris foncé. — Entre *Osse* et *Athas*, masses de marbre gris;
Au surplus, l'ingénieur Le Roy affirmait qu'il existait, dans la vallée d'*Aspe*, plus de soixante espèces de marbres de diverses couleurs.

VALLÉE D'OSSAU.

A *Arudy*, marbre noir moucheté de coquilles blanches, *lumachelle* susceptible d'être employé avec succès dans les ameublements et décorations intérieures;
Au *Pic de Rebenac* (vallon du Néez), marbre gris, rempli de madrépores;
A *Sévignac* et au nord de *Bielle*, marbre gris coquiller, *lumachelle* susceptible d'un beau poli;
Entre le village d'*Espalungue* et le *Col d'Abès*, ainsi que dans les montagnes voisines, marbre gris coquiller;
A *Lourie-Souviron*, marbre statuaire;
Entre le passage du *Hourat* et les *Eaux-Chaudes*, marbre gris coquiller, *lumachelle* contenant des corps marins, dont quelques bivalves;
Aux *Pics de Cezi* et de *Suzon*, près de *Gabas*, au port de *Salie*, au *Col d'Anéou*, au sud des villages de *Castille* et de

XI.

**1. Eaux-Bonnes. Pic du Ger. Pic d'Artouste. Passage des Eaux-Bonnes, dans la vallée d'Azun.
2. Eaux-Chaudes. Gabas. Case de Broussete. Pic du Midi d'Ossau ou de Pau.**

1. Nous l'avons annoncé déjà, c'est au delà de *Laruns* que s'ouvrent la gorge remontant aux *Eaux-Chaudes* et celle remontant aux *Eaux-Bonnes*. Pour suivre l'ordre de nos excursions, en septembre 1857, nous parlerons de celle-ci, en premier lieu.

Après avoir traversé, sur un beau pont, le lit sans eau d'un petit gave détourné au profit de plusieurs usines que ce torrent fait mouvoir, à l'extrémité de la ville, on gagne bientôt un autre pont jeté sur le gave de Gabas; après quoi l'on trouve à l'embranchement des deux routes des *Eaux-Chaudes* et des *Eaux-Bonnes*, le bureau de l'*omnibus* qui fait le service de ces deux établissements thermaux durant la saison des bains.

Puyo, marbres gris en grandes masses; à *Gabas* même, carrières de marbre blanc;

Laruns possède un filon de cuivre et argent. On trouve des mines de plomb dans presque toute la chaine des Pyrénées. Quant à celles de cuivre, le département des Basses-Pyrénées est celui qui parait en avoir les plus grandes masses. On en trouve dans un si grand nombre de quartiers qu'il serait trop long de les énumérer ici. Mais c'est le fer qui abonde le plus dans ces montagnes. Les vallées d'Aspe et d'Ossau en possèdent des masses.

La route des *Eaux-Bonnes* est de création moderne. Autrefois, pour s'y rendre de Laruns, on n'avait que le chemin difficile, escarpé, dangereux même, qui passe au village d'*Aas*, perché sur les rochers aux pieds desquels gronde le gave *le Valentin*. Cette commune d'*Aas* est propriétaire des sources, objet actuel de notre pérégrination. C'est en 1810, et sous l'administration du marquis de *Castellane*, général de brigade et préfet du département des Basses-Pyrénées, que la route impériale fut ouverte.

A part les premières rampes, cette voie n'offre rien de pénible, et dès l'abord, ses détours multipliés portent le voyageur à une telle élévation, que de là jusqu'au village des *Eaux-Bonnes*, c'est-à-dire à 748^m au-dessus du niveau de la mer, et à 207^m au-dessus de *Laruns*, nous n'allons rencontrer que des pentes fort douces. Seulement, pour ceux qui connaissent les magnifiques travaux exécutés sur les routes de Pierrefitte à Cauterets, ou de Pierrefitte à Luz et à Barèges, la route des Eaux-Bonnes n'a rien qui puisse exciter l'admiration. Nous ne dirons pas ainsi, dans quelques minutes, de la route des *Eaux-Chaudes*.

A un kilomètre de distance des *Eaux-Bonnes*, on trouve la place où devait être la *villa Castellane*. C'est un enclos portant primitivement le nom de *Bonnecase* et possédant une grotte dont les malades des *Eaux-Bonnes* aiment à visiter les stalactites, au bruit du *Valentin* qui mugit à 12 ou 15 mètres au-dessous. Mais pour de tels curieux, l'abord n'en était pas sans difficulté, ni même sans danger. M. le comte Jules de Castellane, durant son séjour, en 1841, aux *Eaux-Bonnes*, conçut le projet, non d'embellir ces lieux (car où Dieu entassa de si merveilleuses beautés, il serait impie de prétendre les surpasser), mais bien de les rendre plus accessibles. En conséquence, il acheta, à un haut prix, l'enclos *Bonnecase*, et bientôt de nombreux ouvriers, déblayant ou remblayant les terrains et faisant sauter les rochers, y pratiquèrent une route, disons mieux, une promenade, qui conduit d'abord à la grotte, dont le sol fut creusé, pour que l'on pût sans ramper s'y introduire, et puis descend jusqu'au bord du *Valentin*, dont les cascades et les aspects furent livrés ainsi à l'admiration des visiteurs. M. le comte de Castellane avait d'autres projets, notamment d'élever sur le bord de la route, un châlet ou *villa* renfermant un salon de bal et de concert, un théâtre, un musée pyrénéen et *une vaste salle à manger*. En dehors, c'est-à-dire sur la pelouse voisine, on devait établir des jeux de bague, des balançoires, des tirs à l'oiseau égyptien, etc., mais on ne trouve encore en ces lieux qu'un poteau soutenant, il est vrai, ces mots : *villa Castellane*.... L'inscription attend l'édifice.

Les *Eaux-Bonnes*, qui furent, dit-on, visitées par Gaston Phœbus, le Louis XIV du Béarn, reçurent certainement Henri d'Albret, roi de Navarre, et plusieurs de ses capitaines blessés comme lui à la funeste bataille de Pavie. Ils donnèrent à cette source le nom d'*Eaux d'Arquebusades*. Mais la femme de ce prince, Marguerite de Valois, accorda la préférence aux *Eaux-Chaudes*. De Thou, dit-on, et Montaigne vinrent également aux *Eaux-Bonnes*. (1)

En 1700, *Lebret*, intendant du Béarn, disait des *Eaux-Bonnes* : « La difficulté des chemins et
« de la résidence empêche qu'elles ne soient
« fréquentées. »

En 1749, le docteur *Labaig* écrivait, à son tour : « On n'y trouve ni feu ni lieu : pour tout
« logement, il n'y a que deux misérables caba-
« nes, remplies de mauvais lits, où l'homme
« le moins délicat ne saurait se résoudre à cou-
« cher. Là, fort indécemment, et en toute li-
« berté, sont confondus pêle-mêle les malades
« d'un sexe différent. Mais ce qui doit encore
« surprendre davantage, c'est qu'on n'y trouve

---

(1) Ne serait-ce pas plutôt les *Eaux-Chaudes* qu'aurait visité *de Thou* ? Voici le passage des *Mémoires* de sa vie, que l'on cite à ce sujet :

« Thumeri et de Thou furent aux *bains de Béarn*, qui ne
« sont éloignés de Pau que de sept lieues. Ce sont des sources
« d'eaux soufrées qui sortent des monts Pyrénées et qui sont
« très-bonnes contre la pierre, la néfrétique et les obstruc-
« tions ; elles sont si légères et si subtiles, que toute leur
« force se perd dans un moment, à moins qu'on ne les prenne
« au sortir de la source ; aussi l'on ne peut les transporter
« dans des bouteilles, comme nos eaux de Lux, de Spa et de
« Pougues. De Thou avait avec lui un jeune Allemand, qui,
« *quoique fort sobre*, en buvait tous les jours cinquante verres
« en une heure ; pour lui, pendant sept jours, il en prit vingt-

« aucune ressource pour subsister : point d'au-
« berge, point de pourvoyeur. L'étranger qui y
« arrive sans s'être précautionné, chassé par la
« misère du lieu, est obligé de se réfugier dans
« le village le plus voisin appelé *Souste* (pour
Assouste, situé au fond de la gorge, en aval
« d'*Aas*) où, avec beaucoup de soin et de grands
« frais, il a peine à trouver un lit passable et à
« faire aborder de *Laruns*, village principal de
« la vallée, de quoi pourvoir à ses besoins les
« plus essentiels. »

A cette même époque de 1749, la commune
d'*Aas* ne retirait des Eaux-Bonnes qu'un prix de

« cinq verres à chaque fois, plutôt par plaisir que par néces-
« sité. Quoiqu'elles ne le purgeassent point, il en ressentit
« un grand soulagement, avec un merveilleux appétit, un
« sommeil tranquille et une légèreté surprenante répandue
« par tout le corps.

Ces expressions *bains de Béarn* peuvent désigner aussi bien
les *Eaux-Chaudes* que les *Eaux-Bonnes*, et c'étaient les
Eaux-Chaudes que visitaient, à cette époque, *Henri IV* et
Catherine de Bourbon, sa sœur, gouvernante du Béarn, comme
nos lecteurs ne tarderont pas à s'en convaincre.

Nous ferons observer aussi que Joseph Scaliger parle évi-
demment des *Eaux-Bonnes* et des *Eaux-Chaudes*, au sujet
de ce passage de Pline : *Lib. XXI Nat. hist. cap. XI*: « Emi-
« cant benignè, passimque in plurimis terris alibi frigidæ,
« alibi calidæ, alibi junctæ, sicut in Tarbellis, Aquitanica
« gente et in Pyrænæis montibus, tenui intervallo discer-
« nente »,— qui, dit Scaliger, *aquas Benearnensis saltus in
« Pyrænæis viderunt et biberunt, non dubitabunt Plinium de
« illis sensisse.* » D'après ce savant, les Eaux-Bonnes et les
Eaux-Chaudes auraient donc été connues des Romains.

ferme de trois livres tournois. En 1840, ce prix s'élevait à 16,000 fr. et, d'après le docteur Taylor, « l'on a calculé que le nombre des person-
« nes qui ont pris ces eaux, en 1840, est de
« 2,800; 600 bains et douches ont été donnés,
« et 50,000 bouteilles d'eau ont été exportées
« dans toutes les parties du monde, depuis
« New-York jusqu'à Canton. » En 1856, ces chiffres furent dépassés de beaucoup.

« C'est nous, dit Bordeu (*Recherches sur les ma-*
« *ladies chroniques*), qui avons propagé l'usage
« des *Eaux Bonnes* à l'intérieur et qui les avons
« appliquées aux maladies de poitrine ; c'est à
« nous qu'elles doivent l'heureuse célébrité
« dont elles jouissent. » Grâces aussi à l'ouverture de la route impériale qui y mène, la prospérité de ces lieux n'a pas cessé de s'accroître, et le village des *Eaux-Bonnes* rivalise aujourd'hui de beauté avec celui de St-Sauveur. On y a fondé un établissement thermal qui contient une salle de wauxhall, plaçant ainsi les plaisirs au-dessus des maux et des infirmités humaines, qui viennent invoquer ces sources salutaires; et pour que l'on puisse invoquer surtout celui qui dispense la vie, la santé et la mort, on éleva, non loin de cet établissement, en 1829, une chapelle en marbre gris bleu et d'un style aussi simple que sévère. La population toujours croissante de ce village a nécessité, depuis, l'adjonction à cet édifice religieux, de deux bas-côtés en communication avec la nef principale par des arcades à plein cintre. La première construc-

tion coûta 25,000 fr. et la seconde 4,500. Mais aujourd'hui, c'est à peine si cette chapelle peut recevoir le quart des fidèles qui s'y présentent au fort de la saison des bains.

Quant à la commodité du logement et au *confort*, en général, les nombreux hôtels des *Eaux-Bonnes* ne laissent rien à désirer, à des prix toutefois que le docteur anglais *Taylor* trouvait déjà *quelque peu effrayants* en 1840, et qui mériteraient de nos jours une autre qualification. C'est à cette dernière cause, du moins nous nous le sommes laissé dire, qu'il faut attribuer la diminution très-sensible qui s'est manifestée, en 1857, dans la population nomade des Eaux-Bonnes.

Au premier aspect, les étrangers prennent ce lieu pour une impasse, et tel il se trouve, en effet, pour les malades qui ne se sentent pas la force de se risquer sur les sentiers des montagnes d'alentour. Les plus faibles restent confinés sous les ombrages qui séparent les deux ailes du village. Pour ceux qui se sentent un peu plus de courage, on a ouvert la *promenade* dite *horizontale*, aux flancs des monts que contourne plus bas la route impériale. Heureux, heureux surtout ceux à qui le docteur Darralde a permis de visiter la *villa Castellane*, de gravir la promenade *Gramont* avec son prolongement opéré par le général *Jacqueminot,* ou de pousser jusqu'à la grotte et au kiosque de la *Butte du trésor !*

Mais les hommes que Dieu dota de résolution et de santé, ont d'autres courses à entreprendre.

Qu'ils attaquent, après avoir remonté le petit vallon de *la Soude*, les flancs du *pic du Ger*, pour conquérir ainsi les beaux aspects qui les attendent à son sommet, c'est-à-dire à 1,865 mètres au-dessus des *Eaux-Bonnes* et à 2,613 au-dessus du niveau de la mer! Qu'ils visitent aussi la plaine, le lac et le pic d'*Arbouste* dont la hauteur dépasse de 233 mètres celle du pic du Ger! Que surtout ils tentent le passage des *Eaux-Bonnes*, dans le Lavedan, par les cols de Tortes et de Saucède (1).

Avant d'atteindre le premier de ces ports intérieurs, ils auront la vue des cascades d'*Iscoo*, du *Gros-Hêtre* et de *Larressecq*. Puis, s'arrachant aux grands tableaux qui frappent les regards, sur ces hauteurs, ils descendront dans la délicieuse vallée d'Azun, non loin de la chapelle de *Pouey-Lahoun*, digne de tout leur intérêt; en remontant à Saint-Savin, pour y saisir d'un seul coup d'œil toutes les magnificences de la vallée d'Argelez, ils gagneront enfin Cauterets, où les attendent les beautés incomparables du val de Marcadau, du pont d'Espagne, du lac de Gaube, des Vignemales !... Oh ! quels souvenirs de jeunesse évoquent en nous ces dernières lignes tracées par une main presque septuagénaire!... (2).

---

(1) Le col de Tortes est à 1,820 mètres au-dessus de la mer et à 1,072 au dessus des Eaux-Bonnes.

(2) Nous nous sommes abstenu, dans cet article sur les *Eaux-Bonnes*, d'aborder la partie technique concernant les

2. Tant que la *promenade* ou route *horizontale* que l'on a le projet de pousser, depuis les *Eaux-Bonnes* jusques aux *Eaux-Chaudes*, ne sera point terminée, il faudra, pour aller de l'un à l'autre de ces deux villages, regagner le fond de la vallée. C'est un parcours de huit kilomètres environ, dont une moitié consiste à descendre, et l'autre moitié à remonter le cours de l'un des gaves qui les baignent. *Laruns* se trouvant à 541 mètres au-dessus du niveau de la mer et les *Eaux-Chaudes* à 673 mètres, il s'ensuit que l'élévation de ce dernier établissement, par rapport à l'extrémité *sud* de la vallée d'Os-

---

sources qui font la fortune de ce village, cette matière nous étant complètement étrangère. Il existe, d'ailleurs, une foule de livres spéciaux que l'on peut consulter à ce sujet. Nous nous bornons en conséquence, à l'extrait suivant de l'ouvrage de M. A. Taylor, docteur médecin, ayant pour titre : *De l'influence curative du climat de Pau et des eaux minérales des Pyrénées sur les malades*, traduit de l'anglais, par *M. Patrick O'Quin*, avocat (Pau. *Vignancour*, 1843) :

« Il y a aux *Eaux-Bonnes* cinq sources différentes, à savoir : 1° La *source vieille*, qui alimente la buvette et quatre bains. — Température 31° 11. — 2° La *source nouvelle* (30°) réservée pour en augmenter artificiellement la température.— 3° La *source de la Douche* (32° 78), qui alimente quatre ou cinq bains et une douche. Ces trois sources seules sont employées dans l'établissement thermal. Il y en a deux autres dont on fait peu d'usage, quoique M. *Darralde*, l'inspecteur, ait fait tout récemment des ex   ences sur l'une d'elles, qui est fortement sulfureuse, mais d'une température peu élevée, (12° 12) et pense qu'on pourrait l'appliquer avec avantage

sau, est de 132^m. Les *Eaux-Bonnes* sont plus élevées de 75 mètres.

Autrefois, le chemin des *Eaux-Chaudes* débutait, au delà du premier pont de *Laruns*, par une rampe telle que l'on s'étonne aujourd'hui que les voitures aient pu jamais s'y aventurer. Puis, l'on entrait dans une tranchée pratiquée par la mine et que l'on nomme le défilé du

---

dans l'atonie des organes digestifs. Voici le résultat de l'analyse faite par M. O. Henry :

LITRE D'EAU BONNE :

Gaz azote...........................		traces.
Gaz acide carbonique...............	litres	0,0064
Gaz acide hydro-sulfurique..........		0,0055
Chlorure de sodium.................	grains	0,3432
— de magnesium.............	id.	0,0044
— de potassium..............		traces.
Sulfate de chaux...................	grains	0,1180
— de magnésie..............	id.	0,0125
Carbonate de chaux................	id.	0,0048
Soufre.............................		traces.
Silex et oxide de fer...............	grains	0,0160
Matière organique contenant du soufre.	id.	0,1065
		0,6054

« M. Longchamp a trouvé dans les *Eaux-Bonnes* la quantité suivante de sulfure de sodium, — eau un litre :

La buvette........................	0,0251
La douche........................	0,0251

(Ici M. Taylor cite ce passage de Patissier, *Manuel des eaux minérales*, p. 105) :

« Ces sources sulfureuses ont été beaucoup vantées pour les
« belles cures qu'elles ont opérées dans les *maladies chroni-*
« *ques de la poitrine*, telles que le catharre pulmonaire, la

Hourat. Ici, la route débouchait sur la rive gauche du gave fort courroucé en ces lieux, et gagnait la rive droite au moyen du *Pont Crabé* (pont des chèvres).

Au point où le *defilé du Hourat*, que les piétons pratiquent encore, s'ouvre sur le torrent, existe une petite chapelle, où nous avons lu cette naïve inscription :

« pneumonie, la pleurésie, l'asthme et la phtisie ; mais le
« bruit de ces guérisons a souvent attiré à ces sources des
« malades auxquels elles ne conviennent pas. Lorsque ces af-
« fections ne sont pas accompagnées d'une irritation trop vive,
« qu'il n'y a point de fièvre hectique, lorsque surtout leur
« cause est due à la rétrocession d'un principe rhumatismal
« goutteux, dartreux ou psorique, on peut espérer que les
« eaux sulfureuses seront utiles, en produisant une révulsion
« à la peau, en ramenant les sécrétions cutanées à leur état
« normal, et en rappelant les fluides du centre à la circonfé-
« rence : la guérison sera d'autant plus certaine que pendant
« le traitement, ou à la suite, il se manifestera une crise, par
« les sueurs ou les selles, que des flux supprimés se rétabli-
« ront, qu'il apparaitra des exanthèmes, des furoncles à la peau
« ou des abcès dans le tissu cellulaire sous-cutané. On a re-
« cours avec quelque succès à cette médication dans la phtisie
« pulmonaire *au premier degré*, et si les tubercules sont ré-
« cents et peu nombreux, on peut espérer de les résoudre ;
« mais si l'auscultation a fait découvrir des cavernes pulmo-
« naires, s'il y a émaciation, fièvre intense, crachats puru-
« lents, ces eaux accélèrent la mort des malades. »

« Le docteur Darralde, continue le docteur Taylor dans son rapport pour l'année 1835, cite soixante-dix observations pour prouver que lorsque la phtisie pulmonaire est arrivée au *troisième degré*, les Eaux Bonnes aggravent tellement la maladie, au bout de quelques jours, que le malade ne tarde pas à suc-

CHERS . VOYAGEURS . NOUS . VOICI . ENTRE . LES
ROCHERS . FORT . ESCARPÉS . LAFREUX . ABIME . DU
RUISAU . PAR . AINSI . AYONS . RECOURS . A . LA .
SAINTE . VIERGE . QU'ELLE . INTERCEDE . POUR . NOUS .
QUE . NOUS . SOYONS . GARANTIS . DE . TOUS .
DANGERS . ESPIRITUELS . ET . CORPORELS . ✝
PRIERE . ✝ PATER . ✝ AVE . ✝ L AN . M . DCCC . XI . 1811 .
✝ NOUS . AVONS . RECOURS . A . VOTRE . ASISTENCE .
SAINTE . MERE . DE . DIEU . ✝ NE . MEPRISES . PAS . LES .
PRIERES . QUE . NOUS . VOUS . FAISONS . DANS . NOS .
BESOINS . MES . DELIVRÉS . NOUS . EN . TOUT . TEMS .
DE . TOUS . PERILS . ET . DANGERS . O . VIERGE .
REMPLIE . DE . GLOIRE . ET . BENEDICTION . ✝ NOUS .
A . LEGLISE . LARUNS . ON . PRIERA . POUR . VOUS .

Combien ces lignes, inspirées par l'âpreté de ces lieux, diffèrent de l'inscription prétentieuse qu'on avait placée sur les mêmes rochers, en l'honneur de *Catherine de Bourbon !* La voici :

« Siste, Viator.

« Mirare quæ non vides, et vide quæ non mireris :
« saxa sumus, et saxa loquimur, esse dedit natura, lo-
« qui Catharina, Catharinam hæc ipsa quæ legis in-
« tuentes vidimus, Catharinam loquentem audivimus,
« Catharinam insedentem sustinuimus ; felicia saxa,

---

combier. Dans trente-trois cas de phthisie au *premier* et au *second degré*, l'état du sujet a été amélioré et la toux a entièrement disparu. Sur soixante-dix cas de laryngite chronique accompagnée ou non d'extinction de voix, quatre ont été parfaitement guéris ; les autres ont été sensiblement améliorés. Sur soixante-dix sujets atteints de catharre pulmonaire chronique, quatre ont été guéris et les autres soulagés. »

« viator, quæ illam sine oculis vidimus, felicem te qui
« eam oculis non videris ; nos viventia quæ anteà era-
« mus mortua, tu, viator qui vivebas factus fuisses
« saxum.

« Catharinæ Francorum Navarreorum principi hâc
« iter facienti, musæ virgines virgini posuêre ; anno
« Dom. M.D.XCI.

« Ave, quisquis iter hâc habes.

« Quod vides perierat, sed interitus vitam peperit,
« ne indigneris vetustati quæ Catharinæ principi mo-
« numentum destruxit, nam temporis emendavit inju-
« riam, cùm hoc marmor restituendam curavit Joan-
« nes Gassionus, sacri consistorii consil... ordin... in
« supremi Navarriæ senatu præses, et in Navarriâ,
« Bearniâ, Boies, Tarbelles, Viterigz, Regis Dominio,
« justitiæ, politiæ, et ærarii summo jure præfectus.
« M. DC. XLVI. » (1)

---

(1) « Arrête-toi, passant.

« Admire ce que tu ne vois pas, et regarde des choses que tu
« dois admirer : nous ne sommes que des rochers, et cependant
« nous parlons ; la nature nous a donné l'être, et la princesse
« Catherine nous a fait parler ; nous l'avons vue lisant ce que
« tu lis, nous avons ouï ce qu'elle lisait, nous l'avons soute-
« nue. Ne sommes-nous pas heureux, passant, de l'avoir vue,
« quoique nous n'ayons point des yeux ! Heureux toi-même
« de ne l'avoir pas vue ! Nous étions morts, et nous avons été
« animés ; toi, voyageur, tu serais devenu pierre. Les Muses
« ont érigé ce monument à Catherine, princesse des Français
« Navarrais, qui passait ici, l'an 1591.

« Dieu te garde, passant !

« Ce que tu vois avait péri ; mais la mort l'a fait renaître.
« Ne te plains pas de la vétusté qui a détruit le monument
« de la princesse Catherine, car l'injure du temps a été répa-
« rée, quand ce marbre a été rétabli par les soins de messire

C'est au défilé du Hourat que se trouvait placée anciennement la seconde porte dont nous avons parlé, lorsqu'il a été question de celle qui fermait le défilé situé entre *Louvie-Juzon* et *Castets*. Elles étaient dédiées toutes les deux à saint Just, et de là vient l'erreur d'un écrivain qui a raconté que *l'inscription en l'honneur de la princesse Catherine de Bourbon ayant été détruite par les iconoclastes de 1793, fut remplacée par une porte dédiée à St-Just, ce conventionnel d'une si triste célébrité.* C'est aux mêmes lieux qu'un vicomte d'Ossau avait élevé un fort dont les ruines n'avaient pas encore disparu au XVIe siècle.

On se plaignait, même avant la Révolution, des difficultés comme des dangers du chemin que nous venons de décrire. Mais, en 1780, les Etats de Béarn refusèrent la subvention qu'avait demandée l'administration de la marine pour adoucir cette côte par où l'on voiturait les sapins destinés à la mâture de nos vaisseaux.

« Jean de Gassion, conseiller d'Etat, président du parlement
« de Navarre et intendant général des domaines du Roi, de la
« justice, police et finances, dans la Navarre, le Béarn, la
« Chalosse, le Bigorre et le Vic-Bilh, l'an 1646. » (*Traduction de M. Bordeu.*)

Le reproche que nous avons adressé à cette inscription retomberait sur le *restaurateur* et non sur le *fondateur*, si, comme l'assurance nous en a été donnée par M. le curé de Bielle, ce monument fut d'abord écrit en béarnais, et si c'est M. de Gassion qui, en traduisant l'inscription en latin, y glissa ces madrigaux dont le bon goût de nos lecteurs a dû s'étonner.

Depuis la Révolution, l'administration des ponts et chaussées se livra, dans le même but, à des études successives qui n'aboutirent point. Enfin, dans le cours de l'année 1837, la commission des *Eaux-Chaudes* décida que la côte et le défilé *du Hourat* seraient abandonnés et remplacés par une route, sur la rive droite du gave, depuis le *pont Crabé* jusqu'au fond de cette gorge. Mais le génie militaire y mit obstacle, et ce n'est que dans ces derniers temps que l'on a vu se consommer cette belle conquête de la science. Une route tracée par le pic et la poudre à canon, dans des rochers jusques-là inaccessibles, y remonte aujourd'hui le gave avec tant de facilité, que les voitures peuvent s'y comporter comme en plaine. Là où les rochers ont refusé leur appui, cette voie franchit le vide sur de hautes arcades dont le torrent baigne la base, et le voyageur ne sait ce qu'il doit le plus admirer, ou de ces imposants travaux qui légitiment ici l'orgueil humain, ou de cette gorge dont les beautés étaient restées inconnues si longtemps, même aux plus hardis montagnards. — Au *pont Crabé*, cette nouvelle route rejoint l'ancien *chemin des Eaux-Chaudes*, lequel a été élargi et amélioré.

Les *Eaux-Chaudes* ont, selon nous, deux avantages sur les *Eaux-Bonnes :* c'est, d'abord, un site plus pittoresque et plus varié ; c'est, ensuite, un village d'une beauté moins régulière. On reconnaît, en arrivant aux *Eaux - Bonnes,* que là se réunit l'aristocratie des malades. *Les pauvres*, a dit quelqu'un, *n'ont pas de poitrine*, et l'on ne songea pas, en effet, aux pauvres, lors de la construction de ces beaux et luxueux hôtels, dont se compose ce dernier village. Aux *Eaux-Chaudes*, il y a des demeures pour toutes les fortunes, et ces contrastes dont s'offusquent certains voyageurs, récréent mieux le regard, ce nous a semblé du moins. Nous ajoutons que l'établissement thermal y est d'une incontestable beauté. Ce monument, après de nombreuses péripéties qui en retardèrent la construction, n'a été terminé qu'en 1856. Il a coûté 350,000 fr. et il a donné, dès la première année, un revenu de 17,000 fr. (1)

---

(1) M. le docteur Taylor n'ayant pas accordé aux *Eaux-Chaudes* la même attention qu'aux *Eaux-Bonnes*, c'est d'autres savants que nous allons interroger, au sujet des sources dont nous nous occupons en ce moment.

« Ces eaux, a dit M. Al. du Mège (*Statistique générale des dép. pyrén.*, t. 1er, p. 248), sortent en partie d'une masse granitique, surmontée de bancs calcaires coquillers; on y compte cinq sources : la température de la première, nommée *La Houn deu Rey*, s'élève à 30° au thermomètre de Réaumur, l'atmosphère étant à 18°; la seconde, appelée l'*Esquirette*, donne 29°; la troisième, nommée le *Trou*, est à 28° 1/2 ; la quatrième, désignée sous le nom de *Larresec*, en a 22; la cinquième, appelée *Main Vieille*, est froide ; elle jaillit d'un rocher calcaire.

« L'eau sulfureuse de la *Fontaine du Roi* sort claire de sa source : sa transparence n'est jamais troublée ; elle exhale une odeur assez forte d'hydrogène sulfuré ; sa saveur est désagréable, fade et nauséabonde ; sa pesanteur spécifique, comparée à l'eau distillée froide, est de 20 grains de plus par livre : l'a-

Si nous exceptons la visite d'une grotte au sud-est de cet établissement et l'ascension au hameau de Goust, c'est par la gorge remontant à Gabas qu'il faut débuter, pour effectuer les diverses promenades que ces lieux offrent aux étrangers.

La montagne sur laquelle repose le hameau

---

réomètre s'y enfonce jusqu'à zéro. Toutes ces sources, sauf celle de *Main Vieille*, analysées par les réactifs, ont offert des résultats semblables à ceux qu'on avait obtenus par les mêmes moyens en analysant les *Eaux Bonnes*. L'analyse des *Eaux Chaudes* a montré qu'elles contenaient par kilogramme sept pouces et demi cubes de gaz hydrogène sulfuré et quatre et demi d'acide carbonique. L'évaporation de 2 myriagrammes, ou 49 livres d'eau sulfureuse de la *Fontaine du Roi*. ont produit une masse saline du poids de quatre gros dix grains; soumise à l'action de l'alcool, de l'eau distillée, froide et bouillante et de l'acide sulfurique, cette masse a donné à M. Poumier :

	GROS	GRAINS.
1º Muriate de magnésie..............	0	18
2º Muriate de soude	0	25
3º Sulfate de magnésie...............	1	4
4º Sulfate de chaux..................	1	51
5º Carbonate de chaux	0	40
6º Soufre...........................	0	4 1/2
7º Silice...........................	0	3 1/2
8º Perte............................	0	8
TOTAL	4	10

« Théophile Bordeu a recommandé l'usage intérieur des *Eaux Chaudes* contre les obstructions et les maladies qui en dépendent, l'asthme humide, les coliques et les diarrhées invétérées ; et extérieurement, sous la forme de bains ou de doude Goust joue ici le rôle que l'on a donné, en face de Cauterets, à la montagne de Péguère, c'est-à-dire que l'on y pratiqua des allées tout à fait à la portée des malades. Pour aborder cette promenade, il leur suffit, en effet, de passer le gave de Gabas. Mais si l'on veut atteindre le hameau de Goust, c'est autre chose ! L'ascension ne se trouve pas sans quelque difficulté, car l'on a 1,200 mètres à gravir, sauf erreur ou *omission*.

M. L***, dans ses *Lettres écrites des Eaux-Bonnes*, a fait du hameau de Goust une république, sans doute afin de se procurer l'occasion de montrer son peu de goût pour cette forme de gouvernement (et nous n'aurons pas *castille* entre nous, à ce sujet). Mais on a pris au sérieux cette fantaisie du spirituel écrivain. « Le hameau de « Goust, lui a-t-on répliqué, est administré par « le conseil municipal de Laruns, justiciable « du juge de paix de Laruns, paie l'impôt entre « les mains du percepteur de Laruns, est sous « la surveillance du garde-champêtre de La-

---

ches, pour les maux des yeux, des dents et des oreilles, les paralysies et les rhumatismes. Selon M. Poumier, les *Eaux Chaudes* paraissent jouir de plus d'énergie que les *Eaux Bonnes*; étant d'une température plus élevée, leur gaz n'en est que plus expansible : c'est pourquoi, dit-il, elles paraissent accélérer davantage le système des vaisseaux ; dans tous les cas, on peut les employer aux mêmes usages que les *Eaux Bonnes*, ayant toujours égard à leurs qualités relatives comme à leurs propriétés ; car il est des cas où elles ne pourraient être employées sans danger. »

« ruins..... On le voit, il y a loin de là à une
« république. » (*Alb. pyrén.*)

Nous l'avons déjà rappelé ailleurs, c'est à
Goust que la tradition place les derniers individus de la race de géants qui peupla primitivement la vallée d'Ossau. L'on ajoute que l'on y
rencontrait aussi autrefois de nombreux cente-
naires.

Redescendus de ce hameau, sur les bords du
gave, nous allons maintenant nous engager
dans la gorge de Gabas.

Au *Pont d'Enfer*, qui nous transportera sur la
rive gauche du gave, nous devrons un regard à
l'énorme source qui ne fait qu'un bond des
flancs de la montagne dans le torrent dont elle
grossit sensiblement le volume.

A trois kilomètres environ des *Eaux-Chaudes*,
vous pourrez gravir le sentier qui conduit dans
la vallée d'Aspe, par le *col de Gée* ou par celui de
Mardas.

Du côté opposé, mais à deux kilomètres environ plus haut, débouche le gave dit le *Sous-
souey*, tout proche de la borde *Berdolou*. Après
avoir visité une mine de cuivre située dans le
voisinage, ne craignez pas de remonter par là
(si vous ne l'avez point fait, des *Eaux-Bonnes*,
jusques à la plaine parsemée de lacs et de ruis-
seaux que domine le pic d'*Arbouste*.

A 8 kilomètres des *Eaux-Chaudes* et à 1500 mètres au-dessus du niveau de la mer, ou 827 mètres au-dessus de l'établissement thermal, se
présente le hameau de Gabas, où une auberge a

remplacé l'hôpital, annexe de *Sainte-Christine.* C'est là que finit la route carrossable. Plus loin, on ne trouve qu'un sentier pyrénéen qui mène à la *Case de Broussette,* dernière habitation et dernier cabaret français, distant des *Eaux-Chaudes* d'environ 18 kilomètres et que hantent, vous le pensez bien, les contrebandiers français et espagnols. De la *Case de Broussette,* on peut passer dans la riche vallée de *Thène,* qui appartient à l'Aragon, en gravissant le port du *Portalet,* distant de ce cabaret,, (nous pourrions presque dire *venta*), d'environ 4 kilomètres. -Vous savez qu'après avoir vu les bains espagnols de *Panticosa,* il vous serait loisible de rentrer en France par *Sainte-Christine* et le *Sómport.* (1)

La *Case de Broussette* sert aussi de halte à ceux qui veulent tenter l'ascension du *Pic du Midi* de ce côté.

Cette montagne est bien déchue du rang que lui prêtait autrefois l'erreur, dans la chaine des Pyrénées.

« En cet endroit, a dit Marca, se joint au gave
« de Salient, un autre ruisseau de même nom,
« qui descend du côté du *Somport* et arrose
« cette haute montagne d'Ossau, à trois têtes,

---

(1) On peut également parvenir en Espagne, en prenant à Gabas même le sentier qui monte au *Col des Moines* et laisse à gauche, au bout d'un peu plus d'un kilomètre, la gorge de *Magnebaigt,* par laquelle on peut attaquer le pic du Midi. Le col des Moines est à 1,936 mètres au-dessus du niveau de la mer.

« que l'on nomme le *Pic du Midi*, et le *Pic de*
« *Tres Serous*, c'est-à-dire *des Trois-Sœurs ;* d'au-
« tant qu'il y a trois pointes, dont les deux sont
« tournées du côté de Béarn, et la troisième du
« côté d'Aragon. Du plus haut de cette monta-
« gne, on découvre les deux mers et les monts
« de Castille, comme du mont *Hœmus*, de Thra-
« ce, on voyait, à cause de sa hauteur extraor-
« dinaire, la mer du pont Euxin et l'Adriatique,
« suivant Mela ; étant remarquable que cette
« montagne et une autre de même nom de *Pic*
« *du Midi*, en Barèges, sont les plus hautes des
« Pyrénées. »

Depuis que de nombreux savants ont soumis les Pyrénées à leurs observations et à leurs calculs, on s'est convaincu de l'erreur où Marca tombe ici, au sujet des deux *Pics du Midi ;* et, pour ne parler que de celui d'Ossau, les pics d'*Aule* et le *Som de la Soube*, ses proches voisins, se trouvent plus élevés que lui. (1) Néanmoins,

---

(1) Voici quelle est l'élévation des principales montagnes, depuis les vallées de la Nivelle ou de la Bidassoa jusqu'à celle de Luchon :

Le *Haya* ou montagne couronnée a, d'élévation au-dessus du niveau de la mer.................... 1,000^m.
La *Rhune*, un peu moins.
L'*Ursovia-Mendia* à l'entrée de la vallée de Baygorry. 1,452
L'*Orhi*, au fond de la petite vallée de Larran....... 2,062
L'*Eraincy*, ou mont de *Sainte-Engrâce*, dans la vallée de la *Soule*, un peu plus de............... 2,200
Le *Pic d'Anie*, vallée d'*Aspe*, gorge de *Lescun*, de 2,500 à 2,512
La montagne d'*Istaince*, même vallée........... 2,642

le *Pic du Midi d'Ossau* se présente avec tant de majesté aux voyageurs qui traversent soit le plateau des Landes, soit la plaine du *Pont-Long*, sa position l'isole si bien des autres montagnes de la même vallée; d'un autre côté, ses rampes offrent de telles difficultés, que l'orgueil de l'homme s'en irrite et considère son escalade comme une glorieuse victoire. On a donc gardé note des principales ascensions que ce pic superbe fut forcé de subir.

Le *Pic d'Aule*, au nord-ouest du pic du Midi d'*Ossau*, entre les vallées d'*Ossau* et d'*Aspe*.......... 3,010
Le *Som de Soube*, au sud-est du même pic....... 3,214
Le *Pic du Midi d'Ossau*................ 2,942
   (C'est à partir de ces dernières montagnes jusqu'à la vallée de Luchon, qu'existent les plus hautes Pyrénées.)
Groupe des *Vignemales*, au fond de la vallée de Cauterets et du lac de *Gaube*; le cône le plus élevé a .... 3,442^m.
   Groupe du *Marboré*, ou *Cirque de Gavarnie* :
La *Brèche de Roland*................ 2,920
La *Tour du Marboré*................. 3,198
Le *Cylindre du Marboré*............... 3,454
Le *Taillon*.................... 3,298
Le *Pic du Midi de Bigorre*, en avant de la chaîne centrale................... 2,932
Neouvielle (Vieilles Neiges)............. 3,238
Le *Pic Long*.................... 3,336
Le *Mont Perdu*................... 3,492
Les cimes dites les *Sœurs de Torumouse*......... 3,280
Le *Pic de Las Hermitans*, entre la vallée d'*Aure* et celle de *Larboust*................ 3,108
Le mont de *Cabrioules*, au fond de la vallée du *Lys*, près de Luchon.................. 3,300
Le *Pic Poseto*, qui domine le val d'*Astos de Vénasque*. 3,528
Groupe de la Maladetta : *Le Pic de Nethon*........ 3,574

Nous citerons d'abord celle effectuée par M. de Candalle et dont les *Mémoires de la vie de J.-A. de Thou*, parlent en ces termes 1 :

« M. de Candale leur raconta en 1582) qu'il avait été aux eaux de Béarn, proche de Pau, à la suite de *Henri d'Albret*, roi de Navarre, père de la princesse *Jeanne*, dont il était proche parent ; que dans le séjour qu'il y fit, il résolut de monter au sommet de la plus haute montagne, qui n'en est pas éloignée et qu'on nomme *Les Jumelles*, à cause qu'elle se sépare par le haut en forme de fourche ; que dans le temps qu'il préparait tout ce qu'il crut nécessaire pour son dessein, plusieurs gentilshommes et d'autres jeunes gens, vêtus de simples camisoles, pour être moins embarrassés, s'offrirent de l'accompagner ; qu'il les avertit que plus ils monteraient, plus ils sentiraient de froid, ce qu'ils n'écoutèrent qu'en riant ; que pour lui il se fit porter une robe fourrée, par des paysans qui connaissaient les lieux ; que vers le milieu du mois de mai, sur les quatre heures du matin, ils montèrent assez haut pour voir les nuées au-dessous d'eux ; qu'alors le froid saisit ces gens, qui s'étaient si fort pressés, de manière qu'ils ne purent passer outre; que pour lui il prit sa robe et marcha avec précaution, accompagné de ceux qui eurent le courage de le suivre ; qu'il monta jusqu'à un endroit où il trouva des re-

---

(1) M. de Candale était un seigneur de la maison de Foix, *fort savant dans la géométrie et dans les mécaniques. (Ibid.)*

traites de chèvres et de boucs sauvages, qu'il vit courir par troupes, sur ces rochers escarpés ; qu'ayant été plus loin, il remarqua quantité d'aires d'aigles et d'autres oiseaux de proie ; que jusque là ils avaient rencontré des traces taillées dans le roc, par ceux qui y avaient auparavant monté ; mais qu'alors on ne voyait plus de chemin, et que pour gagner le sommet, il restait encore autant à faire qu'on en avait fait ; que l'air froid et subtil qui les environnait leur causait des étourdissements qui les faisaient tomber en faiblesse ; ce qui les obligea de se reposer et de prendre de la nourriture ; qu'après s'être enveloppé la tête, il se fit une nouvelle route avec l'aide des paysans qu'il avait amenés ; que quand le roc résistait au travail, on se servait d'échelles, de crocs et de grappins ; que par ce moyen il arriva enfin jusqu'à un lieu où ils ne virent plus aucune trace de bête sauvage ni aucun oiseau, qu'on voyait voler plus bas ; que cependant on n'était pas encore au sommet de la montagne ; qu'enfin il le gagna, *à peu de distance près*, avec l'aide de certains crochets qu'il avait fait faire d'une manière extraordinaire.

« Qu'alors il choisit un lieu commode, d'où il put regarder sûrement jusqu'en bas ; qu'il s'y assit, et qu'avec le quart de cercle, il commença à prendre la hauteur ; qu'il prit pour rez-de-chaussée le courant paisible que les eaux qui se précipitent de rocher en rocher avaient formé ; que jusqu'au plus haut de la montagne, qu'il mesurait aisément du lieu où il était, il trouva onze cents brasses ou toises de notre mesure, la toise de six pieds (1), *ce qui compose treize cent vingt pas géométriques, le pas de cinq pieds, à la manière des Grecs.* »

Nous plaçons en regard de cette relation de l'ascension de M. de Candale, le *Voyage au Pic du Midi* que nous devons à M. *Claude Venat*, officier à la 60me légion (Orne) (1818) :

« Les liaisons d'amitié que j'ai contractées avec M. Lacoste, chirurgien-aide-major à l'ex 86me régiment de ligne, m'engagèrent à aller passer quelques jours avec lui, dans le village de Bielle, où il s'est établi, depuis le licenciement de l'ancienne armée. Plein d'attentions pour moi, son cœur lui dicta encore celle de me proposer le voyage du *Pic du Midi*, avec lui, le jeune *Lavilette* (de Bielle) et son beau-frère *Fourcade-Gré*.....

Nous partîmes de Bielle à 4 heures de l'après-midi, le 12 juillet 1818. Nous fûmes coucher, le même soir, à Gabas (2), d'où nous partîmes, le lendemain, 13, à 3 heures du matin, bien résolus de monter sur le pic dans la même journée. Les habitants de ces montagnes cherchaient à nous effrayer par le détail de nombreux obstacles réputés insurmontables. Les uns souriaient

---

(1) On a ajouté ces mots pour éclaircir ce passage. (*Note du traducteur.*)

(2) Petit hameau composé de 7 à 8 maisons, qui n'est habité que par un aubergiste et quelques employés des douanes.

ironiquement à notre projet ; d'autres nous opposaient les tentatives inutiles de plusieurs voyageurs non moins curieux que nous, et tous s'accordaient à dire que les plus hardis n'avaient osé gravir que jusqu'à la moitié de la hauteur.

« Tous ces propos, loin de nous rebuter, ne firent que nous exciter davantage...... Pleins de notre projet, d'espoir et de résolution, nous arrivâmes au pied de la montagne appelée *La Sagette de Magne-Baigts*. Là, nous fûmes contraints d'abandonner la route qui conduit en Espagne par le *Col des Moines*, pour gravir un petit sentier très-difficile, battu par les piétons sur le flanc gauche de cette montagne, afin d'éviter un détour de deux heures de marche que les pasteurs sont obligés de faire en conduisant leurs troupeaux, pour leur procurer des pentes plus douces. Celle-ci est non-seulement trop rapide, puisqu'elle a un mètre par mètre (ce qui donne une inclinaison égale à celle du côté qui détermine l'angle de 45 degrés); mais encore elle n'a pu permettre de frayer ce sentier qu'à travers un bois très-épais, fourré de broussailles, traversé de gros sapins abattus par les vents et les orages. De vieux troncs d'arbres pourris accroissent à chaque pas les dangers des précipices, et l'humidité du terreau noirâtre dont est couverte la surface des rocs, et les pierres roulantes qui s'en détachent avec fracas, les rendent plus effrayants encore que l'idée de parcourir un repaire habituel des bêtes féroces. Quoi qu'il en soit, cette montée périlleuse ne nous tint que trois heures, après lesquelles nous revîmes toute la clarté du jour. Nous nous trouvâmes comme par enchantement sur un beau plateau, où les troupeaux de *Bielle* et de *Bilhères* paissent une belle herbe fraîche, émaillée des fleurs du printemps. La pureté de l'air, comme celle des sources, le suc des plantes et surtout du réglisse qui y abonde, tout semble s'y être réuni pour multiplier les bienfaits de la nature. Ce spectacle étonnant de richesse et de fécondité, contraste d'une manière trop frappante avec l'aridité des montagnes voisines qui le dominent et flattent l'œil trop agréablement pour ne pas communiquer au cœur le plus indifférent la douce émotion que font naître les simples et sublimes beautés de la nature. Quoique ondulé par quelques accidents de terrain, dont un clair ruisseau dessine tous les contours par diverses ramifications, ce plateau forme dans son ensemble un amphithéâtre, vu du nord au midi, c'est-à-dire de la sortie du bois dont j'ai parlé déjà. Sa figure est presque celle d'un carré d'une lieue de longueur sur demi-lieue de large. Il est borné, au nord, par la pente du bois précité; au sud, par une crête continue appelée *Suzon* (1), parallèle à la ligne frontière du royaume, dont elle n'est distante que d'une heure de marche; à l'est, par la montagne de *Saubiste;* et à l'ouest, par cette masse

---

(1) Le col de *Suzon* ou *Suzeou* est à 1,900 mètres au-dessus du niveau de la mer.

imposante du pic du Midi, dont il n'est qu'un des côtés de la base. — Après avoir parcouru ce plateau pendant deux heures, sur plusieurs points, nous arrivâmes sur la crête du sud, au pied du pic. Nous y fîmes un petit repas. Après quoi nous prîmes du repos, dont nous sentions un besoin indispensable.

« J'avoue franchement que la vue de ces grands rochers à pic, dont les faces éclairées par le soleil réfléchissaient un luisant semblable à celui du marbre le mieux poli, dépouillés de tout arbuste dont on pût s'aider au besoin, couverts çà et là de grandes couches de neige glacée, qui, de l'aveu des pasteurs, résistent toujours aux plus fortes chaleurs de la canicule ; le défaut de guides ou de renseignements nécessaires, tout venait nous opposer des difficultés capables de rebuter les plus déterminés. Cependant, pleins de confiance en nos forces, nous entreprîmes gaiement l'escalade, à 7 heures trois quarts du matin, par le côté du sud-est, laissant nos bagages et nos chaussures sur la montagne du Suzon et n'emportant, avec nous, des vivres que pour un repas, deux fusils, un bâton, une lunette d'avant-poste et une corde de licol, pour le cas où quelqu'un de nous se trouverait engagé dans quelque mauvais pas. Nous nous chargions de ces deux armes dans l'espoir de rencontrer des isards ; mais ceux que nous vîmes d'abord sauter de crête en crête, descendirent à mesure que nous montâmes.

« Nous voilà donc en cet équipage et nu-pieds,

gravissant avec peine par les crevasses angulaires des rochers (1), et ne pouvant goûter un repos assuré que lorsque nous trouvions des fentes assez inclinées vers le centre, qui produisent parfois à leur surface intérieure de petits échelons assez commodes. A défaut de ces moyens, nous accrochions nos mains aux cassures qui se trouvent de distance en distance, et nous y logions nos pieds alternativement.

« Nous montâmes ainsi et sans accident jusqu'au tiers de la hauteur, où l'on trouve une pente assez douce, couverte de neige. Nous la gravîmes obliquement à droite, pendant un quart d'heure, avec plus de facilité que nous n'osions l'espérer, parce qu'heureusement la chaleur du soleil l'avait pénétrée d'environ 14 pouces; ce qui nous permit d'y enfoncer nos pieds et nos mains sans glisser sur la rencontre de celle qui était encore glacée.

« Parvenus à cette hauteur, nous vîmes que nous avions à faire un trajet semblable au premier, et nous l'entreprîmes avec la même hardiesse. Mais sur ce second contrefort, nous fûmes obligés de marcher en hésitant sur le bord de trois précipices. Les débris des éboulements dont ils étaient recouverts nous firent frissonner un instant; cependant nous en fûmes quittes pour la crainte, et une rampe moins escarpée que la première, quoique hérissée de gros

---

(1) Ces crevasses m'ont paru être des filons de mine, par la présence des quartz incrustés aux faces latérales.

blocs détachés de la cime, nous fit oublier le danger que nous venions de courir. Exténués de fatigue, baignés de sueur et la respiration presque coupée, nous nous assîmes un moment, après avoir traversé une autre couche de neige permanente de 4 pieds d'épaisseur.

« Quand nous eûmes repris haleine, nous risquâmes la dernière tentative, celle de parvenir sur la crête supérieure par une pente très-roide, et ce ne fut qu'après plusieurs reconnaissances que nous trouvâmes un passage étroit et difficile entre d'énormes quartiers de granit verdâtre, que la gelée ou la foudre avait fait éclater. Nous parvinmes enfin sur la croupe supérieure du pic, à onze heures du matin, c'est-à-dire après trois heures et demie de fatigue et de peine; mais bien satisfaits de voir notre persévérance couronnée du succès que nous en attendions.

« La partie la plus haute et la seule praticable forme un arc de cercle du S.-O. au N.-E. La corde de cet arc n'a pas plus de 20 mètres (1) et la croupe en dos d'âne n'offre que 4 mètres, au plus, de largeur. Sa surface est recouverte d'une croûte épaisse semblable à de la neige cristallisée et embarrassée de plusieurs blocs de différentes grosseurs. Nous recherchions

---

(1) « Je n'entends parler ici que de la cime proprement dite ; car autrement cet arc se prolonge dans la même direction et va se perdre à l'extrémité nord des plateaux de *Magnebaigt* et d'*Ayous*, qu'il sépare. »

avec avidité des signes qui pussent nous convaincre que cette élévation prodigieuse eût été visitée par des hommes. Mais rien ne put nous l'indiquer : pas une inscription ; pas un nom gravé sur la pierre ; pas deux blocs du moindre diamètre rangés symétriquement. Nous ne reconnûmes que l'ouvrage de Dieu et les ravages du temps !....

« En disant que nous n'avons rien vu de main d'homme, je ne prétends point contester que quelqu'un n'y soit monté avant nous. Je veux seulement faire observer au lecteur que nous avons le mérite d'une attention que l'on n'a peut-être pas eue, quoi qu'on en dise, celle d'y graver les nôtres, avec la pointe d'un couteau. Nous avons aussi élevé une petite pyramide en moellons, sous laquelle est déposé très-modestement un sou marqué.

« Pendant que nous gravissions le pic, d'épais nuages qui s'étendaient du côté de la France, à la hauteur de la crête des montagnes, nous empêchèrent de plonger notre vue sur ses belles vallées et ses plaines fertiles ; mais ces mêmes nuages nous procurèrent un spectacle bien étrange. Ils nous retraçaient fidèlement une vaste mer, dont leurs connexités respectives étaient les ondulations des vagues, et les plus hautes crêtes de la chaîne, des îles ou des promontoires. Ainsi nous ne pûmes voir que le petit pic, les plateaux de *Magnebaigt* et de *Broussete*, sur lesquels on ne peut distinguer les troupeaux que lorsqu'ils se trouvent groupés sur quelque tas de neige, et les trois lacs d'*Ayous*, près du pic, qui sont très-poissonneux. Le territoire espagnol était entièrement à découvert ; aussi pûmes-nous parcourir des yeux la partie méridionale de la chaîne, dont une végétation plus active rend l'aspect très-riant. Le petit lac de Pombie, le village de Saillent et autres, sont situés sur ce versant au-dessous des sources du *Gallego*. A l'aide de la lunette dont nous étions pourvus, nous aperçûmes aussi les plaines de *Huesca*, d'*Ayerbe*, de *Zuera*, et les montagnes des rives de l'Ebre, qui bornaient notre horizon.

« La raréfaction de l'air qui règne dans cette région, et surtout la crainte de voir les nuages s'élever insensiblement jusqu'à nous et de ne pouvoir descendre, tant qu'ils nous tiendraient enveloppés, nous firent prendre le sage parti de prévenir cette mésaventure. En conséquence, nous consommâmes nos vivres au plus vite, et nous abandonnâmes la cime à 11 heures 40 minutes, en retournant à peu près sur nos traces. Bref, à deux heures de l'après-midi, nous avions déjà rejoint nos bagages déposés dans un sachet, sous une voûte de neige, au pied du pic. Cette différence de temps entre la montée et la descente, démontre assez clairement que cette dernière est bien plus prompte à effectuer, sans qu'elle soit moins dangereuse. Peu s'en est fallu que M. Lacoste n'ait fourni, le premier, une preuve bien funeste de cette assertion : car, soit par l'impatience que pouvait lui causer la descente en *zig-zag* de ces grandes couches de neige, soit qu'il voulût tenter un moyen peu réfléchi, il s'assit sur la neige, en plaçant la crosse de son fusil, en enrayeur, entre ses jambes, et se laissa glisser ainsi en toute confiance. Nous le vîmes bientôt culbuté par une inégalité, ou ressaut..... nous le crûmes perdu à jamais dans l'immensité de ces précipices ! mais nos cœurs se dilatèrent dès que, par un de ces hasards que la raison humaine ne saurait ni prévoir ni espérer, nous le vîmes se rouler, en se pelotonnant, comme une lavange, jusqu'à l'extrémité du glacier où il alla heurter contre un bloc de rocher qui l'arrêta, quoiqu'il semble n'être placé qu'en suspens et n'attendre que la plus légère secousse d'un corps étranger pour se briser dans ces abîmes. Il se redressa tout couvert de neige et nous attendit, en se secouant, pour nous donner l'assurance qu'il n'avait aucun mal.....

« Fiers du succès que nous venions d'obtenir et des dangers que nous avions bravés, nous regagnâmes le hameau de Gabas, où nous arrivâmes à 4 heures du soir, harassés de fatigue et les pieds ensanglantés..... »

M. Venat, dans cette relation qu'il dédia au maréchal, duc d'Albuféra, laisse percer l'idée que nul ne le devança sur la cime du pic du Midi. Pour ce qui est de M. de Candale, nos lecteurs n'ont pas manqué de remarquer ces expressions équivoques : *qu'enfin il gagna le sommet, à peu de distance près*, reproduites par les *Mémoires de la vie de J.-A. de Thou*. Mais l'*Al-*

bum Pyrénéen, t. 1, p. 320, cite comme ayant précédé M. Venat, dans cette escalade, M. Delfau, en 1796, et MM. le marquis d'*Angosse* et d'*Augerot*, en 1802. Depuis, bien d'autres s'aventurèrent sur cette montagne, au dire de Gaston Sacaze (1). Ce pasteur botaniste, qui a poussé ses herborisations jusques sur ces hauteurs glacées, affirme avoir trouvé au sommet du pic du Midi d'Ossau, un amas d'ardoises

---

(1) Nos deux chapitres consacrés à la vallée d'Ossau resteraient incomplets, si nous négligions d'y mentionner l'une des illustrations de ce pays, c'est-à-dire *Gaston Sacaze*. — Né au village de *Béost*, ce simple pasteur, tout en conduisant ses troupeaux sur les hauts pâturages d'alentour, conçut, un jour, le projet d'étudier la botanique, au sein même de ces montagnes, dont la flore offre tant de richesses, et réussit, sans le secours d'un maître, à savoir assez de latin pour comprendre les livres qui traitent de cette science. C'est ainsi qu'il parvint à former de riches herbiers et à classer les diverses plantes produites par la vallée d'Ossau, dans un jardin dont la création fait sa gloire et lui assure les plus douces jouissances. Peintre, musicien et poète, il a reçu, dans sa modeste demeure, les plus grandes célébrités de l'Europe. Non-seulement nous lui devons un recueil des vieilles chansons de sa vallée ; mais il en a composé lui-même, qui ne sont pas indignes d'être placées à côté de celles de Despourrins. Le violon et l'archet dont il se sert pour charmer ses loisirs, il les a confectionnés de ses mains, ainsi que des cartes qui ornent sa maison, des outils de menuisier ; bien plus, des instruments de mathématiques ; et en voyant ce qu'est devenu cet homme de la nature, loin de nos villes, de nos écoles et de nos bibliothèques, on se demande ce qu'auraient pu produire en lui des leçons que tant d'autres reçoivent sans aucun fruit.

portant chacune une signature, véritables cartes de visite laissées par des savants et des touristes à ce dominateur des vallées et des plaines du Béarn. Les ingénieurs géographes chargés d'opérations trigonométriques pour la carte de cette contrée, prirent également cette cime pour leur principal observatoire.

Aux descriptions de M. Venat, nous croyons devoir ajouter ces quelques lignes, qui terminent un voyage aux mêmes lieux, de M. *Rippert*, membre de la Société linéenne de Normandie, et de la Société entomologique de France :

« Un tel panorama est certes bien fait pour
« attirer et charmer les amateurs des grandes
« et fortes beautés de la nature. J'ai parcouru,
« pendant plusieurs années, les Alpes de Fran-
« ce, de Suisse et de Piémont, la haute chaîne
« des Pyrénées françaises et espagnoles : et
« toujours le pic de Midi de Pau a laissé une
« impression plus vive et plus profonde sur
« mon cœur et mon esprit, que les monts les
« plus élevés de la Suisse, que la Maladetta, le
« Mont-Perdu ! Aussi je ne crains pas d'inviter
« les curieux intrépides, à braver les difficultés
« qu'offre cette belle ascension, et je suis cer-
« tain qu'après avoir oublié leurs fatigues et
« les dangers d'une pareille course, ils m'a-
« dresseront leurs remerciements de leur avoir
« indiqué un des plus beaux aspects des Pyré-
« nées. »

Album Pyrénéen, t. 1, p. 421.

En tête des personnages qui honorèrent les

Eaux-Chaudes de leur présence, nous devons placer :

1° La première, Marguerite de Valois, cette *quatrième grâce* et *dixième muse*, au dire de Valentine d'Assinois, cette sœur et femme de rois, au *corps féminin*, *cœur d'homme et tête d'ange*, pour nous servir des expressions du poète Marot ;

2° *Jeanne d'Albret*, « reine n'ayant de femme
« que le sexe, a dit d'Aubigné, l'âme entière
« aux choses viriles, l'esprit puissant aux gran-
« des affaires, le cœur invincible aux adversi-
« tés ; »

3° Henri IV, qui commanda en trois batailles, en trente-cinq rencontres d'armes, en cent quarante combats et trois cents siéges de places ;

4° *Catherine de Bourbon*, figure spirituelle, douce et gracieuse, dont l'apparition dans les troubles religieux du Béarn, nous produit l'effet d'un coin du ciel dans un orage.

A côté de tels visiteurs, il serait inconvenant de nommer *La Fosseuse*, bien que cette maîtresse du roi de Navarre fût une Montmorency.

On dit que Marguerite de Valois écrivit quelques-uns de ses contes durant son séjour aux *Eaux-Chaudes*. La chose se peut, car elle travaillait en tous lieux, et même de préférence dans sa litière : « Je l'ay ouy ainsi conter à ma
« grand'mère (Brantôme, *Dames Illustres*), qui
« allait toujours avec elle dans sa litière comme
« sa dame d'honneur, et luy tenait l'escritoire,

« et les mettait par escrit aussi tost et habile-
« ment ou plus que si on luy eût dicté. » Néanmoins, c'est au monastère de Sarrance, dans la
vallée d'Aspe, que Marguerite a placé la réunion
de dames et de gentilshommes auxquels cette
reine de Navarre prête les galants récits de son
Heptaméron.

Nous avons déjà vu que Jeanne d'Albret se
trouvait à Bielle, lorsque deux seigneurs dé-
voués lui apportèrent l'avis d'une conspiration
tramée contre ses jours, en Espagne. Cette illustre reine se rendait, dans cette circonstance,
aux *Eaux-Chaudes*.

A l'égard de Henri IV, ce prince, dans une
lettre datée de Pau, du 24 août 1583, annonce
au maréchal de Matignon *qu'il est venu en ce lieu
pour avoir le plaisir de voir sa sœur, espérant que
cette vue et les pourmenoers de Pau lui rendront
sa première santé*. Le roi de Navarre poussa jusqu'aux *Eaux-Chaudes*, pour s'y remettre de ses
fatigues. Mais l'*Itinéraire*, placé à la fin du t. 2
de ses *Lettres missives*, ne le fait séjourner aux
Eaux-Chaudes que du 24 au 25 août 1583, et le
ramène à Pau dès le 26.

Nous avons rappelé plus haut les lignes qui
furent inscrites au défilé du *Hourat* pour y célébrer la venue de *Catherine de Bourbon*. En outre,
la fontaine de *Larressec*, aux *Eaux-Chaudes*, reçut cette autre inscription :

A DAME CATIN
DE FRANCE, SŒUR DU ROY TRÈS-
CHRÉTIEN, HENRI IV, EN JUIN 1591.

*Caucasus et Rhodope
Tristi delebitur œvo ;
Insculpta at nostro
Pectore fixa manent.* (1)

---

(1) Traduction libre et trop libre sans doute :

    Les monts éprouveront, un jour,
    Du temps l'inévitable outrage ;
    Dans nos cœurs, gravé par l'amour,
    Ton nom passera d'âge en âge.

XII.

RETOUR.

1. Navarrenx. Sauveterre. Bidache. Bardos. Salines de Briscous. 2. Bruges. Nay. Coarraze. Bétharram. 3. Sources et grotte du Néez. Rébenac. Gan. Château et ville de Pau.

Trois routes s'offrent aux voyageurs pour sortir de la vallée d'Ossau, suivant qu'ils veulent regagner Bayonne, ou Tarbes et Toulouse, ou Pau et Bordeaux.

1. Pour rentrer à Bayonne, après avoir revu *Oloron*, on peut descendre le cours des deux gaves d'*Aspe* et d'*Ossau*, réunis au sein de cette dernière ville, et parcourir ainsi, dans toute sa longueur, la riche vallée qu'arrosent leurs eaux. Cela fournit l'occasion de visiter, sans un grand détour, la place de *Navarrenx* et la ville de *Sauveterre*.

Assise sur la rive droite du Gave d'Oloron, Navarrenx fut prise, on le sait déjà, par le prince d'Orange, en 1522. Mais Henri d'Albret l'ayant entourée de fortifications et munie d'un magasin d'armes, le baron de Terride en entreprit vainement le siége, en avril 1569, et la résistance de cette place au lieutenant de Charles IX, donna le temps au comte de Mongommerry de recouvrer le Béarn pour le compte de Jeanne d'Albret. « Il fut tiré à Navarrenx, pendant le « siége, 1777 coups de canon, non en batterie,

« mais à coups perdus. Il y mourut de coups 34
« hommes et 6 de maladie, de ceux de dehors,
« plus de 800. » (*Olhagaray.*) Qu'aurait dit l'historien des comtes de Foix du siége de Sébastopol?

Quant à la ville de Sauveterre, son site seul, sur la rive droite du gave, mérite d'être signalé.

Après avoir passé le *Saison*, vers son confluent avec le gave d'Oloron et revu la belle vallée de la Soule, dont l'extrémité septentrionale forme avec la vallée de Sauveterre un superbe carrefour, on quitte à *Escos* les bords du gave d'Oloron qui fuit vers Auterive, l'on traverse, plus loin, *Labastide*, ville franche, autrefois, et fort insignifiante aujourd'hui; l'on franchit ensuite, sous les murs du château de *Came*, la Bidouze qui y devient navigable jusqu'à l'Adour, et l'on parvient bientôt à *Bidache*, où l'on ne doit pas négliger de voir les magnifiques ruines du château de Gramont.

Entre Bidache et Bayonne, les voyageurs trouvent également à visiter le château de *Bardos*, qui domine un pays immense, et les salines de *Briscous*.

2. A ceux qui ne se sentent pas le courage ou la force de franchir les cols qui séparent les *Eaux-Bonnes* du val d'*Azun*, la route de *Nay* fournit le moyen de parvenir à Cauterets, par Lourdes et Argelez, sans se détourner jusqu'à Pau. C'est aussi la voie la plus directe sur Tarbes et sur Toulouse. Elle se sépare, à *Louvie-Juzon*, des routes de Pau et d'Oloron. Mais ici

les souvenirs de la vallée d'Ossau nuisent fort au pays qui la sépare de la ville de Nay, et, d'un autre côté, à moins que Bruges n'ait éprouvé des améliorations considérables, depuis vingt années, l'aspect de cette bourgade n'a rien qui puisse dédommager des ennuis de ce chemin.

Il en est tout autrement de Nay. Bravant les feux du ciel et la fureur des hommes, cette ville doit à l'esprit industriel de ses habitants une prospérité qui l'honore. C'est en vain qu'un premier bourg y fut détruit à une époque peu précise et par suite ou d'un accident ou d'une guerre, sur lesquels l'histoire ne s'est pas expliquée ; c'est en vain également qu'au XVIe siècle des météores enflammés la réduisirent en cendres, et qu'à peine rebâtie, Sainte-Colombe, chef catholique du parti de Charles IX contre la reine de Navarre, lui fit subir de nouveaux ravages, en s'y montrant l'émule de Monluc, sinon en talents militaires, du moins en cruauté ; Nay a su toujours se relever de ses ruines, plus fière et plus florissante. C'est, au surplus, la patrie du ministre d'Abbadie, à qui nous devons entr'autres ouvrages, le *Traité de la religion chrétienne*, le *Traité de la divinité de J.-C.*, et l'*Art de se connaître soi-même*.

Coarraze, où la route des Eaux-Bonnes et des Eaux-Chaudes rejoint celle de Pau à Lourdes, doit exciter, à divers titres, notre intérêt. Par exemple, nous n'y sommes jamais passés sans nous rappeler cette légende que nous a conservée le chroniqueur Froissart :

Sous le règne de *Gaston Phœbus*, comte de Foix et vicomte de Béarn, le seigneur de Coarraze perdit un procès à la cour d'Avignon, contre un clerc de Catalogne, au sujet des dîmes de son fief, *lesquelles valaient bien cent florins par an*. Mais lorsque le *dîmeur* se présenta pour faire exécuter cet arrêt, le baron en fit appel à son épée, et le clerc voyant qu'il y allait de la vie, force fut à lui de battre en retraite, non sans menace d'envoyer un messager qu'il ne serait pas si facile d'éconduire.

A quelques nuits de là, tout le château de Coarraze se vit troublé par des bruits étranges ; des mains invisibles ébranlèrent toutes les portes, brisèrent meubles et vaisselle, à ce point que la châtelaine faillit d'en mourir de peur, à côté de son mari. Mais les nerfs de celui-ci étaient moins délicats, et la nuit d'après, ce tapage s'étant renouvelé, il en interpella hardiment l'auteur, en ces termes : « Qui es-tu et « d'où viens-tu ? — C'est moi ! lui fut-il répon- « du ; moi, Orton, le messager du clerc de Cata- « logne. — Tu t'acquittes là, Orton, d'un triste « service et tu ferais mieux de passer au mien. « —Le veux-tu sincèrement ? » fit alors le lutin, auquel le courage du chevalier en imposait, et le marché fut conclu, tandis que la châtelaine presque pâmée se cachait sous sa couverture. Mais la légende ajoute qu'elle finit par s'accoutumer aux visites nocturnes d'Orton qui venait fréquemment répéter au chevet du lit du seigneur de Coarraze : « J'arrive d'Angle-

« terre, j'arrive de Hongrie, où tel événement
« est, hier, survenu, où tel combat a été livré
« et telle victoire remportée. — Tu as donc des
« ailes, disait le chevalier. — Que Dieu me soit
« en aide ! non ! » répliquait Orton (ce qui prouve qu'à cette époque, du moins, les lutins croyaient en Dieu.

Le baron de Coarraze en ayant parlé au comte de Foix, ce dernier lui inspira le désir de voir Orton, en personne. Orton résista d'abord, et puis céda aux sollicitations du chevalier. « La « première chose que vous rencontrerez demain « matin, au saut du lit, ce sera moi, » lui dit-il. Mais, le lendemain, rien n'apparut, et, la nuit venue, le baron s'en plaignit à son lutin. « Cherchez bien dans votre mémoire, fit celui-ci. Alors le seigneur se ravisant, avoua qu'au saut du lit il avait aperçu *deux fœtus sur le pavé, qui tournaient ensemble et se jouaient.* « C'était votre serviteur », reprit Orton. Sur quoi, nouvelles instances de la part du chevalier. « Or, dit Orton, « vous me verrez demain ; et prenez bien garde « que la première chose que vous apercevrez, « quand vous serez issu hors de votre chambre, « ce serai-je..... »

« Quand ce vint à lendemain, à heure de tier-
« ce (nous laissons ici parler le chroniqueur),
« que le sire de Coarraze fut levé et appareillé,
« si-comme à lui appartenait, il issit hors de sa
« chambre et vint en unes galeries qui regar-
« daient en-mi la cour du châtel ; il jette ses
« yeux, et la première chose qu'il vit, c'était

« que, en sa cour, a une truie la plus grande
« que oncques avait vu ; mais elle était tant
« maigre que par semblant on n'y véoit que les
« os et la pel, et avait un musel long et tout af-
« famé. Le sire de Coarraze s'émerveilla trop
« fort de cette truie et ne la vit point volontiers
« et commanda à ses gens : « Or tôt, mettez les
« chiens hors, je vueil que cette truie soit pil-
« lée. » Les varlets saillirent en avant et défre-
« mèrent le lieu où les chiens étaient et les fi-
« rent assaillir la truie. La truie jeta un grand
« cri et regarda contremont sur le seigneur de
« Coarraze qui s'appuyait devant sa chambre, à
« une étaie. On ne la vit oncques puis, car elle
« s'évanoyt, ni on ne seut que elle devint. Le
« sire de Coarraze rentra en sa chambre tout
« pensif et lui alla souvenir de Orton et dit : « Je
« crois que j'ai huy vu mon messager ; je me
« répens de ce que j'ai huyé et fait huyer mes
« chiens sur lui ; fort ya si je le vois jamais ;
« car il m'a dit plusieurs fois que je le courrou-
« cerais, je le perdrais et ne revenroit. » Il dit
« vérité : oncques puis ne revint en l'hôtel du
« seigneur de Coarraze, et mourut le chevalier
« dedans l'an en suivant. » (*Chron. de Froissart*,
coll. de Buchon, t. 9, p. 427 et suiv.)

On crut qu'Orton était passé du service du baron de Coarraze à celui de Gaston Phœbus, c'est-à-dire que l'on attribua, pour lors, à un pouvoir surnaturel, les prompts et sûrs rapports qu'au prix de fortes sommes, ce grand prince obtenait de ses espions et de ses messagers.

Le comte de Carmaing, baron de Coarraze, ayant pris le parti de Jean de Foix, vicomte de Narbonne, et s'étant révolté, en conséquence, contre Catherine de Foix, sœur et héritière de François Phœbus, roi de Navarre, Jean d'Albret, mari de cette princesse, fit ravager les terres et brûler le château de ce seigneur. (1) Carmaing obtint au parlement de Toulouse un arrêt condamnant Jean d'Albret en une amende de cent pistoles, en 5,000 livres envers le baron de Coarraze et à réparer son château, dans le délai de 4 ans; mais cette sentence fut cassée, à Paris, en juillet 1512, et le baron de Coarraze ne reparut pas dans le pays.

Le château de Coarraze, relevé de ses ruines, passa dans la maison de Miossens, fondée par *Etienne, bâtard d'Albret* et sénéchal de Foix. Cette maison s'éteignit dans la personne de *César Phœbus d'Albret*, maréchal de France et gouverneur de Guienne, lequel mourut à Bordeaux, le 3 septembre 1670, âgé de 62 ans et ne laissant point d'enfants mâles. Le fils de celui-ci, *Jean d'Albret*, lieutenant général de *Henri d'Albret*, roi de Navarre, épousa *Suzanne de Bourbon*, à qui l'on confia l'enfance de Henri IV, après qu'il eut été retiré des mains de sa nourrice.

« Cette baronie de *Miossens*, a dit Favin, est
« située dans les montagnes de Coarraze, auprès
« de la petite ville de Nay. Ce fut en ces lieux
« âpres et montagneux et au château de Coarra-

---

(1) Il n'en resta que le vieux donjon qui subsiste encore.

« ze que fut nourri et élevé ce jeune prince,
« non délicatement, mais à la rustique (ainsi
« le voulait le roy, son aïeul), accoutumé, dès
« ses jeunes ans, à manger chaud et froid, à
« aller nue tête et nuds pieds, avec les petits
« enfans du pays ; de sorte qu'étant de si bon-
« ne heure endurci à la peine et non aux déli-
« catesses de la cour, il ne se faut émerveiller
« s'il est invincible à la guerre, ainsi qu'un
« Alexandre. » *L'enfance de Henri de Navarre au
milieu des montagnards de Coarraze,* forme le sujet de l'un des bas-reliefs qui ornent le piédestal
de la statue de ce prince, érigée sur la place de
Pau. Nous les devons au ciseau de M. Etex.

Sur quel douloureux souvenir nous ramène
l'inscription de Coarraze!... Il y a quelques années, une jeune personne de nos contrées fit
un pèlerinage à Bétharram, situé non loin de
ce château. Bonne et charitable, autant que
spirituelle et gracieuse, c'était l'une de ces natures d'élite que trop souvent Dieu ne fait que
montrer à la terre et qu'il s'empresse de retirer
à lui. Cette chapelle de Bétharram, brûlée par
les protestants en 1569, et rebâtie au XVIIe siècle;
ces statues de marbre blanc, qui en décorent
la façade et qui sont du père du célèbre avocat Ferrère; ce chemin de la Croix si heureusement tracé aux flancs de la montagne; ce
Calvaire, ce site enfin, l'un des plus beaux que
l'on connaisse, captivèrent non moins le cœur
religieux de notre jeune compatriote, que son
imagination d'artiste. Néanmoins, nous ne la

vîmes préoccupée à son retour que des mots espagnols inscrits sur le portail du château de Coarraze. Nous lui dîmes qu'à notre avis cette inscription remontait à l'époque où les vicomtes de Béarn s'en allaient fréquemment guerroyer en Espagne, et qu'un baron de Coarraze avait pu la rapporter de ce pays où devaient s'être conservés quelques restes de ce fatalisme au moyen duquel les Maures se consolèrent de la perte de Cordoue et de Grenade. Peu de temps après, une fièvre pernicieuse s'étant déclarée, dans la ville qu'elle habitait, elle en fut atteinte des premières et elle ne douta pas un seul instant du sort funeste qui lui était réservé. C'est que l'inscription de Coarraze était revenue obséder sa pensée, comme l'un de ces mauvais rêves qui fatiguent les malades dans ces sortes de fièvres ; et tandis que les soins de sa mère désolée, la science des plus habiles médecins, ainsi que les prières des amis de sa maison, la disputaient à la mort, on l'entendit, dans ces derniers moments, répéter ces paroles : « *Lo que ha de ser, no puede faltar.* »

3. Il n'en est pas de la route de *Lourie-Juzon* à *Pau*, comme de celle de ce même village à *Nay*, par *Bruges*, et si le voyageur, parvenu aux rampes de Sévignac, ne peut s'empêcher de jeter un regard de regret sur les délices de la vallée d'Ossau, il ne tarde pas à s'en dédommager dans le gracieux vallon du Néez, qui s'ouvre à l'autre versant. Assurément, l'on eut comparer les sources du Néez à la fon-

taine de *Vaucluse*. Aux sources du Néez manque la beauté du site, et a manqué également un Pétrarque pour le chanter. Mais ce n'en est pas moins une chose merveilleuse que de voir jaillir d'un seul rocher toute une rivière. Ici, d'ailleurs, c'est-à-dire à 10 mètres environ de cette source énorme, l'on a découvert, il y a peu d'années, une grotte, que nous visitâmes à notre retour des *Eaux-Bonnes* et des *Eaux-Chaudes,* en septembre 1857. Comme tous les détours n'en ont pas été explorés jusqu'ici, nous la croyons égale en étendue, pour le moins, à la grotte d'Izeste; mais elle lui est certainement supérieure par la beauté et la grandeur de ses cristallisations. Seulement, l'entrée n'en est pas aussi facile, ni le sol aussi bien nivelé, et nous doutons que de jeunes montagnardes fussent tentées d'y venir gambader à l'instar des Ossalaises qui nous ont fait les honneurs de l'*Espalungue*. Ce sera désormais pour les étrangers logés à Pau, l'objet d'une visite intéressante, car cette grotte n'est distante de cette ville que d'environ 18 kilomètres.

En face du village de Rébenac, où la route passe de la rive droite sur la rive gauche du Néez, en s'y croisant avec celle de Bayonne et d'Oloron à Tarbes, on trouve au bord méridional de cette dernière route le château de *Bitaubé* (1).

---

(1) Bitaubé, traducteur d'Homère, naquit en 1732, à Kœnisberg; mais sa famille était originaire du Béarn, en ayant

De Rébenac à Gan, le vallon du Néez n'a rien à envier aux autres vallons des Pyrénées. Ce gave y répand la vie et la fraicheur. Ses flots s'y trouvant parfois de niveau avec la route, il nous semblait qu'ils allaient s'y répandre et baigner les pieds de nos chevaux, qui s'animaient à sa voix et rivalisaient avec lui de vitesse, en imitant ses bonds impétueux. Nous dépassions à chaque instant ou des usines que le Néez fait mouvoir, ou de jolies villas, ou des hameaux prospères....

A Gan, patrie de Marca et où l'on voit encore sa maison (1), le vallon s'élargit, sans perdre sa

---

été chassée, sous Louis XIII, par les persécutions dirigées contre la religion protestante, qu'elle professait. Il fut membre de l'Académie de Berlin, puis, de l'Institut de France, dès sa création et chevalier de la Légion d'Honneur. Nous lui devons, outre la traduction d'Homère, un *Examen de la profession de foi du vicomte Savoyard*, un *Traité de l'influence des lettres sur la philosophie*, une traduction d'*Hermann et Dorothée*, de Gœthe, *Joseph*, poème en neuf chants, *Guillaume de Nassau, ou les Bataves*, autre poème en dix chants. — Bitaubé mourut en novembre 1808.

(1) Pierre Marca naquit à Gan, le 24 janvier 1594. Il fut fait, en 1621, président au *Conseil souverain de Pau*, érigé en *Parlement de Navarre*. Ordonné prêtre, au mois d'avril 1648, il fut successivement évêque de Conserans, archevêque de Toulouse, ministre d'Etat et archevêque de Paris. Il mourut, dans cette dernière ville, le 29 juin 1662, âgé de 68 ans. On a de ce prélat une *Histoire du Béarn*, Paris, veuve Camusat, 1640; *De concordiâ sacerdotii et imperii, sive de Libertatibus Ecclesiæ Gallinæ*, 1641; *De origine ac progressu cultus B. Mariæ Virginis in monte Serato*, manuscrit par lui déposé à N.-D.-de-Monsarrat, en 1647 et publié par Baluzze, en 1681; *Traité des merveilles opérées en la chapelle de N.-D.-du-Calvaire de Bétharram*, Barcelonne, Pau....., etc.

grâce primitive. Seulement aux rampes pyrénéennes ont succédé les coteaux de Gan et de Jurançon, renommés, on le sait, par le vin généreux qu'ils produisent. Le regard se détacherait avec peine de ces beaux aspects, s'il n'avait pas en face le château et la ville de Pau......

Que dirons-nous de ces derniers lieux, dont le climat conjure la mort, et dont les charmes font chérir la vie? On a beaucoup écrit sur la ville et sur le château de Pau. Nous-même nous leur consacrâmes naguères plusieurs pages. Mais, croyez-nous, ne lisez rien de tout cela et venez les voir !

Nous avons rappelé ailleurs les adieux poétiques inspirés par les deux villes qui forment les deux bouts de notre voyage aux *Eaux-Bonnes*. Permettez-nous de les reproduire en finissant.

A l'une, Roger de Beauvoir adressa ces vers :

« Bayonne, aux molles collines,
« Naïade entraînée au courant de l'Adour,
« Brune fille couchée en les algues marines,
« Je te laisse tout mon amour ! »

A l'autre, Jasmin :

« Bilo de Paou, bilo jouyno et floucado,
....
« Adiou! parti douma, zou cal; mais podes creyre
« Qué déjà me costés de plous ;
« Et quan te quittarey, per may loun-ten te beyre
« Meu aniréy des recoulous. » (1)

FIN.

_____

(1) Ville de Pau, ville jeune et parée de fleurs.... Adieu ! je pars demain, il le faut ; mais tu peux croire que tu me coûtes déjà des pleurs, et quand je partirai, afin de te voir plus longtemps, je m'en irai à reculons !

TABLE DES MATIÈRES.

I.

1. Route de Saint-Jean-Pied-de-Port 5
2. Bataille de Saint-Pierre-d'Irube........... 6
3. Belsunce................................ 8

II.

1. Hasparren.............................. 16
2. Bonloc, Harispe........................ 28

III.

1. Roncevaux, Charlemagne et Roland........ 29
2. Le Prince Noir.......................... 45
3. Antoine de Bourbon et la Reine d'Espagne.. 47

IV.

1. Route de Bonloc à Saint-Palais........... 50
2. Le peuple Basque........................ 56
3. Saint-Palais et la Bidouze............... 60

V.

1. Route de Saint-Palais à Mauléon.......... 61
2. Vallée de la Soule, Mauléon et Licharre.... 62
3. Route de Mauléon à Tardets, Pastorale Basque, Emigrations.......................... 66

VI.

NOTICE HISTORIQUE SUR LA BASSE-NAVARRE ET LA SOULE.

1. Vicomtes et Suzeraineté de la Soule....... 71
2. Basse-Navarre et Bailliage de Mixe........ 84
3. Avènement de la maison de Foix au trône de Navarre............................... 85
4. Perte de la Haute-Navarre par la maison d'Albret............................... 89
5. Troubles religieux dans la Soule et dans la Basse-Navarre.......................... 91
6. La Soule et la Basse-Navarre depuis l'avènement de Henri IV au trône de France.... 112

VII.

1. Montory et Aramitz...................... 119
2. Vallée de Baretous...................... 120

VIII.

1. Oloron sous les Romains, sous les Goths et sous les Francs..................................	123
2. Oloron sous les vicomtes de Béarn, les comtes de Foix et les rois de Navarre........	125
3. Troubles et guerres de religion.............	128

IX.

Vallée d'Aspe.

1. Penne d'Escot, Sarrance.....................	133
2. Bedous, Accous, Despourrins...............	138
3. Village et cascade de Lescun, Pic d'Anie....	140
4. Urdos, Sainte-Christine.....................	142
5. Communications de la Vallée d'Aspe avec celle d'Ossau	147
6. Guerre des Aspois avec les habitants du Lavedan.......................................	147
7. Combat de Lescun...........................	151

X.

Vallée d'Ossau.

1. Partie historique.............................	155
2. Partie descriptive : Louvie-Juzon, Castelgelos, Bielle et Laruns...........................	178

XI.

1. Eaux-Bonnes, Pic du Ger, Pic d'Artouste, Passage des Eaux-Bonnes dans la Vallée d'Azun...	193
2. Eaux-Chaudes, Gabas, Case de Broussette, Pic du Midi d'Ossau, ou de Pau..........	201

XII.

Retour.

1. Navarrenx, Sauveterre, Bidache, Bardos, Salines de Briscous................................	231
2. Bruges, Nay, Coarraze, Bétharram.........	232
3. Sources et grotte du Néez, Rébenac, Gan, Château et ville de Pau......................	239

Bayonne, Impr. de veuve Lamaignère, rue Pont-Mayou, 39.